異端審問

渡邊昌美

講談社学術

目次

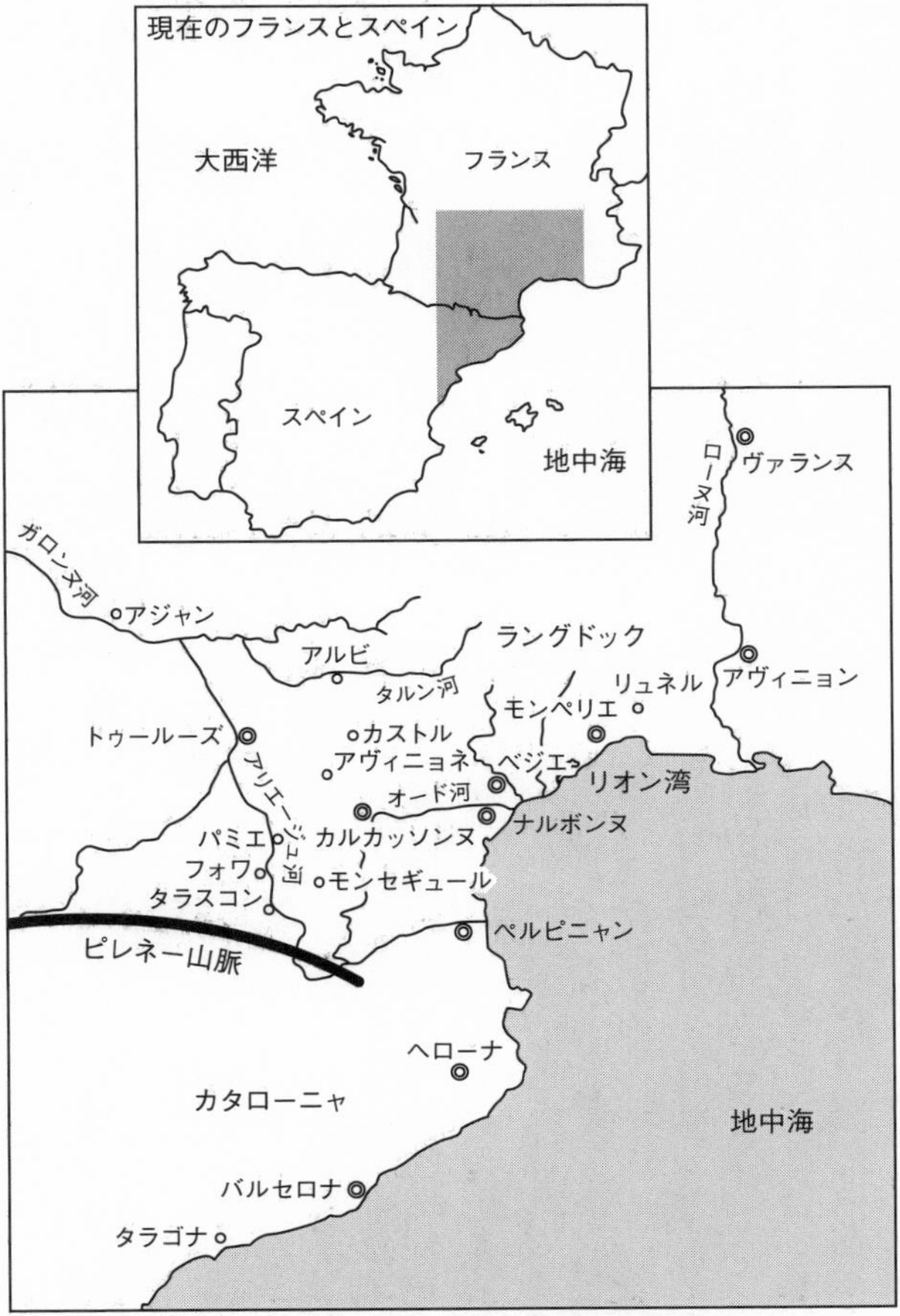

ラングドック地方、カタローニャ地方とその周辺

第一章　薪と硫黄の匂い――異端審問とは何か

ボヘミアのフスの処刑

中世、薪《たきぎ》の煙や硫黄の燃える匂いは、不吉な連想を誘うのが常だったという。いうまでもない。地獄の劫火《ごうか》は硫黄が燃えているのだし、薪は異端者を焼き殺す火刑台、いわばこの世の劫火を思わせたからである。

異端審問の極刑が火焙《ひあぶ》りだったことは誰でも知っているが、その実況を伝える史料は意外に少ない。ただ、一四一五年七月六日、宗教改革の先駆者ボヘミアのフスを処刑した時の様子はよく知られている。これを史上もっとも豪華な火刑と評したのは、H・C・リーである。正確に言えば、公会議の決議によって異端と断定されたのだから通常の異端審問とは違うのだが、そこに現われている手続きは異端審問とほとんど変わらない。

公会議とはコンスタンツの公会議、四十年にわたる教会の大分裂を終結させた公会議である。この会議を実質的に推進したのは神聖ローマ帝国皇帝ジギスムントであった。皇帝はフスの出席を求め、通行の安全を保障した。支持者の提供する武者三名に護衛されてフスがコンスタンツに到着したのは、一四一四年十一月三日。破門は停止され、支持者宅に滞在して論文を執筆し、外出も自由であった。ところが会議の雲行きは次第に怪しく、同月二十八日、突然捕縛され、会議の指名した司教三名からなる委員会の調査に付された。翌一四一五年三月、会議の名目的な主宰者だった法王ヨハネス二十三世が廃位されることを恐れてコンスタンツから逃走するという事件が生じた。フスにとって状況はにわかに悪化した。身柄がコンスタンツ司教の直接管理下に置かれたからである。新たな委員会が設置され、審問に付されることとなった。審問は三度に及んだ。そして、いよいよ七月六日の第十五回総会である。

当日、コンスタンツ大聖堂で、神聖ローマ帝国皇帝ジギスムント以下帝国の貴族や高官、高僧が正装に威儀を正してミサに参列した。その間、すでに破門宣告を受けていたフスは、扉の外にとどめられた。ミサが終わると堂内に引き入れられて高い台の上に立たされた。ロディの司教が説教する。皇帝の行動を称賛し、フスの罪過を列挙した。フスは抗弁しようとしたが黙らされた。そして会議の名において断罪される。著書のなかで開陳した異端の説と、証人によって立証された言動上の過誤の両方が理由である。「教会への復帰を望まぬ、頑迷にして矯正不可能なる異端」として、僧位は剝奪、著書は焼却、身柄は「世俗の腕」のなかに棄てる、というのが判決であった。

司教が七人進み出て、間に合ううちに自説を撤回して慈悲を乞えと勧告したが、フスは会衆の方に向いて「犯しもせぬ過ちを告白すれば、神を欺くことになるだろう」と言い放ったという。そこで、僧位剝奪の儀式が始まる。僧服をはぎ取り、指輪をむしり取る。剃髪の痕跡を消すために髪を切る段になって、剃刀《かみそり》を用いるか鋏《はさみ》を使うかで高僧の間に議論が生じたが、結局鋏が慣行にかなうということになった。丸坊主にした頭に紙の三角帽子、つまり円錐形の帽子をかぶせたが、その高さはほぼ一尺くらい。「これぞ異端の首魁《しゅかい》」と書いてあった。

「異端者として焼け」

皇帝ジギスムントが宮中伯ルートヴィッヒに向かって命令する。「囚人を受け取り、よろしく異端者として扱え」。今度はルートヴィッヒがコンスタンツの帝国代官に向かって命令する。「我ら双方によって断罪されたる者としてこの者を受け取り、よろしく異端者として焼け」。

刑場は町をめぐる城壁の外、川岸だった。宮中伯ルートヴィッヒの指揮する二千の兵士が隊列を組んで護送し、これに数えきれない群衆がつき従った。行列はわざと迂回して司教宮殿前の広場を通り、そこでフスの著書を焼却した。これを見てフスは微笑んだという。刑場の棒杭の見えるところまで来ると跪《ひざまず》いて祈った。告白する気があるかと尋ねると、あると答えたので、彼のまわりに円陣が作られた。ウルリッヒ・ショラントが慣例通りにいう。

「そのゆえに罰せられる異端の信仰を撤回するつもりなら、喜んで告白を聴聞いたす。そうでないなら、知っての通り教会法の定めによって、異端者には何ぴとも秘蹟を授けるわけには参らぬ」。フスは答える。「ならばよい。私は大罪は犯しておらぬ」。

その時、紙の三角帽子が落ちた。フスはまた微笑んだという。兵士が帽子をかぶせる。フスは牢番たちに別れを告げたいという。彼らが連れて来られると、今までの親切なあしらいを感謝し、私にとってお前がたは獄吏というより兄弟だった、といった。次に群衆に向かってドイツ語で話しかけた。「偽証のせいで、私は覚えのない罪で刑を受けるのだ」。たちまち、さえぎられる。

刑吏が彼を杭に高々と縛りつけ、荷車二台分の薪と藁《わら》を積み上げる。くるぶしの上、膝の下、腿《もも》の付け根、腰、脇の下はロープで、頸《くび》のまわりは鉄鎖で縛った。縛り上げてみると受刑者が東、つまり聖地の方角を向いていたので、これではまずいと改めて西向きに縛りなおした。

代官が、これを最後に自説撤回を求める。もちろん、肯《がえん》じない。代官が手を打って引き下がるのが合図で、刑吏が点火した。二度叫ぶのが聞こえた。「イエス・キリスト、生ける神の子よ。我が魂に憐れみを」。風が吹き起こり、炎と煙が顔まで立ちのぼって声が出なくなった。しかし、主の祈りを二、三度唱えるくらいの間は頭が揺れ、唇の動くのが見えた。薪の堆《やま》が燃えつきた後、半焼の死骸の骨を折り砕き、引きちぎって新たな火に投じ、完全に灰にした。宮中伯は刑吏の一人がフスのマントを腕に掛けているのを見咎《みとが》めて、代償は取らせるからそれも火中に投ぜよと命じる。後に聖遺物として崇拝されることを気遣ったのだ。同じ配慮から、死骸の灰は河に流された。杭のまわりの土も掘り取って棄てられた。

翌日、ジギスムント以下諸侯や高僧が列席して感謝のミサが捧げられ、盛大な行列が催された。

火刑に処されるヤン・フス（16世紀の写本）

世俗の腕

フスが知名の神学者で、影響力の大きい、いわば国際的な大物だったので、状況がよく記録されたのだし、またその処刑そのものが特に豪華な儀式に仕立てられたのだが、最終宣告と処刑の手続きはそれ以前からだいたいこの通りである。繰り返し執拗に自説撤回と悔悛を求めるのは、どの時代でも異端審問に共通の特徴である。これは霊魂の裁判であったという異端審問の本質に関係している。僧位剝奪の儀式があるのは、当時たいていの学者がそうだったようにフスも聖職者だったからで、被告が俗人なら当然この手続きはありようがない。

「世俗の腕」とは、要するに世俗権力である。教会はいかに憎むべき敵といえども、みずから手を下すことを望まない。事実、異端審問が直接死刑を宣告したことは一度もなかった。ただ、犠牲者を世俗権力の手中に放棄する。もちろん、火刑にすることが前提だから、これくらいの偽善はない。実は異端者の処刑を火刑と定めた法的な根拠は見当らない。そもそも処刑は世俗権力のなすところで教会は関知しない建前なのだから、規定のありようがないのだが、初期の大量殺戮時代に絞首や生き埋めを用いたのは別として、後には火刑と決まっている。

後述するニコラウ・エメリコの『異端審問官の指針《ディレクトリウム》』には、宣告の範文が記載されている。「汝は今に至るまで誤謬を棄てることを望まぬ。異端との絶縁、教会への帰参、霊魂の救いよりも永遠の劫罰、永遠の死を選ぶ以上、我らは汝を破門の軛《くびき》に繋ぎ、主の羊の群れから切離し、教会による救いにあずかる機会を剝奪する。教会は汝を悔悛させるべく全力を尽くした。もはや我らには何の手だても残っていない。最終宣告を申し渡すべく定められたる今日この時刻、我ら司教ならびに異端審問官は、信仰に関する裁判官たる資格においてこの席に着座し、汝を断罪し、世俗の腕に委ね、かつ棄てる。この宣告によって汝を教会の裁判より排除し世俗の腕とその権に委ねるにあたり、世俗の法廷がその固有の判決において流血と処刑に至らざらんことを願う」。

異端審問官ベルナール・ギーが異端者ピエール・オーティエのために書いた判決には、「汝が生命を保つこと、また四肢を切断されざることを、愛憐をもって望みつつも、止《や》むなく汝を棄てて世俗の法廷に付する」とある。この偽善的な文言はどの極刑判決にもかならず付随している。L・タノンなどは、異端審問の成立以前に世俗法廷への回付がかならずしも極刑を意味しなかった時期があるのではないか、その頃の書式が形骸化して残ったのではないかと考えている。

「世俗の腕」に汚い仕事を押しつけたということは、異端審問そのものは執行権の点で無力で、世俗権力の態度如何《いかん》によっては何の実効も挙げ得ないことを意味するし、また事実そういう事態も生じたのである。

死骸を焼き尽くす

フスの死骸を徹底的に焼却していかなる断片も残さず、その場所の土さえ撤去したというのは、フスの死骸の断片が異端者側の聖遺物となって、彼らの信仰の拠り所にならないようにとの予防措置である。ブレッシアの異端者アルノルド処刑の時にも、フィレンツェのサヴォナローラの時にもこの処置が取られている。フスの場合、それでも、ひそかにその場所の土を持ち帰るボヘミア人の巡礼は長く後を絶たなかったという。

一般の火刑では、これほど丁寧に焼いたわけではないらしい。十四世紀のはじめ、南フランスのリュネルでベガン派のエスクラルモンド・デュルバンなる女を処刑した時には、兄弟のレモンがひそかに残骸を拾いに来た。生焼けの肉や骨を拾い集め、折り砕いて袋に詰めて持ち帰り、同信者たちに配った。信者たちは腐敗し尽くすまで聖遺物として自宅に安置したという。これは後に捕らえられた信者たちが告白したところである。だいたい、焼き尽くすとなれば並大抵の事ではなかったのだ。十三世紀の後半、カルカッソンヌで異端者四名を処刑した時の費用に関する珍しい記録が残っていて、木材、葡萄《ぶどう》の枯れ蔓《つる》、麦藁《むぎわら》、綱、ならびに刑吏の手当ての五項目が記されているが、刑吏の手当ては受刑者一人につき二十ソリディで、断然これが高くついている。

フスの僧位剝奪に当って、剃刀か鋏かの論争が生じたというのは、いささか興味を引く。異端審問といえば粗暴きわまる法廷、血に飢えた弾圧者と思われがちだが——そして、一面それに違いないのだが——、実は中世にあってこれくらい厳格な手続きを重んじる法廷はなかったのだ。全体として恐ろしく乱暴で恣意的な結論を想定しながら、他方では些末《さまつ》事に徹底的に拘泥する手続き主義。ここに異端審問の一種、奇妙な恐ろしさがあるような気がするからだ。

アウトダフェ

異端審問の宣告や処刑には儀式性がつきまとい、ややもすれば大観衆を動員する見世物となった。一般の善男善女への教訓を忘れることがなかったからだ。証言も拷問も、審理全体が世人の目の届かない密室のなかで行なわれたのに、白日のもとに衆目を集めて宣告し処刑する。隠蔽と誇示。奇妙な対照である。極端な場合には、いつの間にか行方知れずになった人物が、ある日突然火刑台上の姿を観衆の前に現すということもあり得たのだ。この最後の劇的な局面が、いわゆるアウトダフェである。

アウトダフェとは「信仰の盛儀」くらいの意味のポルトガル語（スペイン語では「アウト・プブリコ・デ・フェ」）で、本来は異端審問官が召集する公開の宣告と説教を意味する言葉だが、特にスペインで火刑の儀式と切っても切れない連想を誘う恐ろしい言葉となった。文書に出る形ではセルモ・ゲネラーリス。大がかりな宣言ないし説教の集会を意味する。

厳密にいえば判決の宣告だけに限らない。異端審問が巡回裁判だった頃には、異端審問官が乗り込むとまず住民を呼び集めて自首と通報を勧告した。これもセルモ・ゲネラーリスなので、エメリコの『異端審問官の指針』も異端審問の作業の「公的、かつ厳粛なる開始」の手続きとして説明している。一般信者の参集を確保するため「来たって我らに耳を傾ける者には四十日の贖宥《しょくゆう》が与えられる」。「セルモ・ゲネラーリスの日は、教区の通常の活動を妨げることのないよう、大祭日に定めてはならない。四旬節および待降節以外の日曜日とする」。著者は別のところでは日曜日を避けよと書いているが、これは被告を世俗の腕に渡すアウトダフェのことらしい。主の日に不吉な行事を避けたいとの気持ちかと思われる。ともあれ、「当日、異端審問官はもっぱら信仰、その意義、その擁護に関する説教《セルモ》を行い、異端者を根絶するよう信者を督励する」。してみれば、アウトダフェの本来の眼目は説教集会たる点にあったのだ。

恐るべき見世物

すべての宣告がアウトダフェの形で行なわれたのではないし、なかには略式即決の判決もあるのだが、時代とともに、それも特にスペインで次第に儀式として発達し、十六世紀ころには残酷な見世物、一大イヴェントの観を呈した。一つには異端者の数、したがって処刑件数が減って手間ひまかけることができるようになったのと、国王の即位や戦勝祝賀などの国家的行事の余興、反面からいえば国王の信仰擁護表明の手段に利用されたという事情があるらしい。ともあれ、最盛期スペインでのアウトダフェの概略はこうである。

前夜、市中を行列が練り歩き、広場に台を設け、緑色の十字架を樹《た》てる。緑十字はスペインでは異端審問、いわゆる「聖庁」のしるしだった。刑場にもこの十字架を樹てた。聖俗の貴顕が居並ぶ桟敷《さじき》が設けられたのはいうまでもない。

当日、被告を集めて行列が組み立てられる。この時被告たちはサンベニートという独特の衣服を着せられた。もとは悔悛者たることを示すために自発的にまとったのだが、やがて儀式の一環となった。初めは黒一色だったが、後には極悪、つまり再犯の者には黒地に火炎の図柄、あるいは悪霊が地獄に引き込む図柄を描いたものを着せ、その他には黄色地に赤で聖アンデレの襷《たすき》十字を描いたものを着せた。

行列は槍兵が先頭に立ち、その後を黒い布で覆った十字架が行く。次が悔悛者、つまりは被告たちで、微罪の者から重罪の者へと順に並ぶ。逃亡中の被告はもっとも悪質なので、最後にその肖像画が進む。それから世俗の役人や名士たち。異端審問の幟《のぼり》。これは黒灰色の布地の中央に緑の十字を染め抜き、右にオリーヴの枝、左に剣をあしらってあった。審問官が行くのは最後尾であった。

式は説教で始まった。被告は一人ずつ呼び出して台の上に立たせ、罪状を読み上げる。罪状の朗読には数時間を要することもあったという。その後で悔悛を勧告する。

『異端審問官の指針』に、その文言が規定されている。「我が息子よ。汝にかかる激甚なる嫌疑は今聞いたとおりである。そのゆえに汝は異端者として断罪されるほかない。心して聞くがよい。異端から離れんと望むならば、衆人の見るところで異端を誓絶し、教会ならびに我らがキリストの代理の名において科する償いを甘受することにより、汝の罪は許されるであろう。我らは汝の耐え得る範囲の償いを命じ、汝にかかる破門を解除するであろうし、汝は救いをまっとうして永遠の栄光にあずかることもできるであろう。異端を棄てず、償いを拒むならば、ただちに世俗の腕に付せられ、汝は肉体も霊魂もともに失うであろう。汝はいずれを選ぶか」。

それがすむと判決がくだって、ある者は鞭打たれ、ある者は牢獄に連れ戻され、ある者は刑場へ連行された。刑場まで聖職者がつき従う。火刑の台の傍らにも控えていた。突然の翻意、突然の悔悛に備えるためであった。

火刑台での悔悛

火刑台での悔悛、翻意を異端審問官の術語で「末期の誓絶《アブュラティオ・イン・エクストレミス》」といった。バルセロナの事件をエメリコが伝えている。「三名の頑迷な、しかし初犯の異端者が世俗の腕に引き渡された。一人は聖職者であった。彼はすでに両脇から焦げていたのだが、突然叫んだ。救《たす》けてくれ、誓絶する、悔悛する。人々は彼をほどいて火中から助け出したのだが、それが良かったか悪かったかは判らない。確かなのは次のことだけである。同人は十四年後に再び捕縛され、長く異端にとどまって諸人を惑わしていたことが明るみに出た。この度は悔悛を望まず、改めて世俗の腕に付せられて火刑となった」。末期の誓絶を信用せぬよう、暗に戒めているのだ。

悔悛したからといってすべての者が処刑を免れたわけではない。特に再犯者には絶対に逃れる道がなかった。エメリコがいっている。「司教と異端審問官は、再犯者を悔悛させるために力を尽くさねばならぬ。あらゆる手段を尽くして、同人がカトリック信仰に帰るための便宜を図らねばならぬ。悔悛しようとしまいと、再犯者が処刑されることに変わりはない。それは確かだ。しかし、だからこそ同人の永遠の救いについて考えねばならぬのだ」。

また、火刑台に向かう死刑囚に付き添う聖職者がやさしい言葉をかけて、速やかに死に立ち向かうよう激励する結果にならないよう、確かな足取りで梯子《はしご》を昇らせる結果にならないよう、戒めている。「本人が速やかに世俗の腕に渡されるよう望んでも、急いではならない。異端者は、火刑にされれば殉教者として死に、ただちに天に昇ることができると確信して、しばしば火刑台を要求するからである」。

一つには、あくまでも処刑は教会の望むところでないことを示すためでもあったに違いないが、それだけではない。先にも述べたように、異端審問は単に行為を裁断する法廷ではなく、徹頭徹尾霊魂の行方に責任を感じていたのだ。実はこれが悲劇の原因なのだ。被告の自白、自認に執拗にこだわったのもそのためだ。拷問の導入もその大義名分のもとにまかり通った。殺すにしても、悔い改めさせた上で殺そうと望んだ。そのために、苛酷な裁判というにとどまらない陰湿な結果を招いたように思われる。威嚇と慰撫を反復し、被告の心を責め木にかけたのである。

異端審問とは何か

教会は公式に定められた教義から逸脱した者、あるいは教会の制度を否認する者、つまり異端者を矯正し、あるいは排除した。その責任と権限は教団の長たる司教に属するので、この原則は古今を通じて変わっていない。

異端審問《インキジシヨン》は、このような司教の権限の外側に、あるいはそれと重ねて設けられた法王直属の特別の機関ないし制度である。古くから行なわれた宗教裁判という訳語も、思想信条を裁くという点をクローズアップする効果がないわけではないが、教会にはほかにも裁判権があったから誤解を避けるためにも異端審問という方が適当だろうと思う。

わかりきったことだが、大規模な異端発生がなければこのような制度は問題にならない。今一つの前提は教会が社会の制度として確立していることである。異端者はいつの時代にもいたのだが、十二世紀なかばから南フランスに広がったカタリ派は重大だった。これに対して一二〇九年、いわゆるアルビジョア十字軍が派遣され、南フランスのラングドック地方が動乱に巻き込まれる。その収束過程で異端審問が姿を現した。一二三一年の法王勅令、あるいは一二三三年の法王勅令で異端審問が始まったというのが一般的な見解である。

　これらの勅令が重要な里程標であることは確かだが、一片の法令や会議の決議で、命令一下ただちに異端審問が設置され整然と機能し始めたといい切れるほど事実の推移は単純ではない。むしろ、私刑すれすれの、突出する異端狩りの情熱を徐々に枠にはめて制度化していったと見た方が実態に即するのではないだろうか。以下には十三世紀後半、南フランスで異端審問の制度化が進み、十四世紀はじめ、代表的な異端審問官ベルナール・ギーが登場するまでの時期にスポットを当ててみたい。

異端審問の教科書

　一三二三年ごろ、ベルナール・ギーは『異端審問の実務《プラクティカ》』をまとめた。これは後に詳しく見るとして、それから半世紀後の一三七六年ごろ、スペインの異端審問官だったドミニコ会士ニコラウ・エメリコが『異端審問官の指針《ディレクトリウム》』を書いた。これは以後長くスペインで重んじられた本である。

　エメリコは一三二〇年、カタローニャ・アラゴン王国のヘローナに生まれた。十四歳で生地のサント・ドミンゴ僧院で僧服をまとった。一三五七年、カタローニャ・アラゴン・バレンシア・マヨルカ四王国にまたがる異端審問官の職権を授けられ、二度の中断期があるものの晩年、一三九二年までその職にあった。最初の中断は一三六〇年から六五年まで、二度目は一三七五年から八七年まで。六二年にドミニコ会の管区長代理をつとめているし、九一年には僧団の総会を主宰しているから、この中断はおそらく僧団管理部門の要職を果たすためだったのであろう。七七年から翌年まで、それに晩年の九三年から九七年まで国外に追放されているから、あるいは政治上のトラブルがあったのかも知れない。まだかならずしも異端審問が有効に機能していたとはいいがたいスペインにおいて、彼がドミニコ会の有力者で当時法王庁のあったアヴィニョンと絶えず接触があったことがわかれば、さしあたり我々にとっては十分であろう。一三九九年、故郷へローナの僧院で生涯を閉じた。

エメリコには『キリストの神性と人性』、『ヨハネ伝福音書注釈』など神学関係の著作があるほか、特異な思想家ラモン・リュルを論難する論文がいくつかあるという。ラモン・リュルは一三一六年に死んでいるから、彼よりは一世代以上も前の人物である。マヨルカ島の生まれで、パリで活躍した。八十歳の高齢でアフリカに旅した帰途、船中に没したと伝えられる。イスラム教徒を改宗させるためと称してアラブ語を学び、かつ教えたという。ラテン語、カタローニャ語、散文、韻文とりまぜて大量の作品を残し、伝説が混入して錬金術その他隠秘学《オカルティズム》の大家視されることが多い。その全貌はかならずしも明らかでないが、著作にはコーランやカバラの影響があるというから、確実な知識と神秘的な夢想の混在する、一種の百科全書家だったのであろう。エメリコは、このラモン・リュルの思想的遺産に対して敵意を燃やしたのだ。ただ、この点では、周辺の教会関係者も世俗権力もはなはだ冷淡だった。

エメリコが『異端審問官の指針』を執筆したのはアヴィニョンだったというから、追放中のことだったかも知れない。同国人で、しかも同じドミニコ会の先輩、ラモン・デ・ペーニャフォルテが法王勅令を集成して教会法を整理したのと同じことを、異端審問関係法規について試みたものと言われている。

『異端審問官の指針』は、「異端審問官の権限」、「異端審問の実務」、「職務遂行上の諸問題」の三部からなり、典拠として法王勅令や教会会議決議、それに同僧団の大博士トーマス・アクィナスを引用し、いうならばスコラ臭の強い本である。現実には問題となり得ない「異端審問官は法王を訴追できるか」からはじめ、「法王代理は如何」、「他の異端審問官は如何」等を経て「管区外に移住した俗人」や「管区外から来た滞留者は如何」と論を進め、果ては「死者に対しても異端審問を実施できる」に至っているのを見ても、体系的整備の意図に貫かれているのが見て取れる。

『異端審問官の指針』は、長く教本として生命をもち続け、はるか後の一五〇三年、一五七八年、一五八五年、一五八七年、一五九五年、一六〇七年と繰り返し印刷された。類書でほかに刊行されたものがないから、エメリコの権威が知られる。このうち一五七八年のローマ版は、フランシスコ・ペーニャが校訂し、のみならず詳細な注解を付した。ペーニャは学者的な興味からこの作業をしたのではない。ドミニコ会総長とローマの異端審問総長の強い要望のもとに、各地の司教や異端審問官の意見をも徴して現実の使用に耐えるものに仕上げたという。だから、その注解には法王庁の意図が働いていると見てよいのだ。

異端審問の準則や教本を書いたのは、何もベルナール・ギーとニコラウ・エメリコに限らない。ギー以前にも、以後エメリコまでの間にもかなりの類書がある。これは異端審問の現場で次々に新しい問題が生じたことの反映であろうが、同時に異端審問を規格化しようとする強い意志が働いていたことをも物語るものであろう。しかし、それ自体よく整っている点でも、影響の大きかった点でも、この二著の右に出るものはないと思われる。だから、ギーとエメリコを見ることで、制度の根幹が確立した時期の異端審問、少なくとも当事者が考えた異端審問のあるべき姿を推測することができるはずだ。それに、ペーニャの『異端審問官の指針・注解』と比較すれば、その後に特殊スペイン的な発達をとげた姿をもある程度は理解できるだろう。

ところで後世、エメリコは一人、奇妙な愛読者を得た。アッシャー家の若き当主、つまりエドガー・アラン・ポオの『アッシャー家の崩壊』の主人公である。「愛読書の一つは、ドミニック派の僧エイメリック・ド・ジロンヌの『宗教裁判法』という小さな八つ折判本であった」とある（『ポオ小説全集』第一巻、河野一郎訳、東京創元社、創元推理文庫、一九七四年、三五一頁）。およそ普通の読書家が手にする書物とはいいがたい、晦渋《かいじゅう》で幻想的ないくつかの古典と一緒に挙げてあるのだが、それがまた作品に陰欝《いんうつ》で不吉な気分を添えている。書誌学者の説によれば、八つ折判の『異端審問官の指針』なるものは存在しないのだそうだが、ポオには『陥穽と振子』と題する、いささか非現実的な異端審問の恐怖を描いた短篇もあるから、彼が異端審問に関心を抱いていたのは確かだろう。

第二章　剣と火と異端者——異端審問の誕生まで

創設期の記憶

「司教レモン・ド・ミルモン猊下《げいか》は神聖な勤行を敬虔かつ厳粛に終えた後、会士一同とともに食事のために手を洗っていた。ちょうどその時、神の摂理と聖ドミニコの霊験によって、町の男が一人駆けつけ、食堂に入ろうとする修道院長に告げた。ほど遠からぬオルヌ街で異端者が一人の病女に臨終の秘蹟を授けようとしているというのであった。院長はただちに司教に知らせ、一同は食事をあとまわしにしてポワトヴァン・ブルシエなる者の住居に駆け付けた。このポワトヴァンなる男は長くトゥールーズにおける異端の首魁だったのである。行ってみると、その義母に当る老女が重病で高熱に呻吟していた。誰かが病人に言った。ご覧。司教さまが見舞いにお出でだ」。

時を移さず司教が入ったので、病人に告げるひまもなかった。司教は病人の傍《かたわ》らに座って、現世も現世のことも取るに足りないことを説いて聞かせた。老女はすでに異端に心を寄せていたので、異端側の司教と勘違いしたに相違ない。何もかも打ち明けた。司教は同女が奉ずるもろもろの箇条、つまり異端の信仰を全部聞き出すと、こう言った。「ほかのことでも嘘を申してはならぬ。この惨めな現世に心を煩わしてはならぬ。特に教えておきたいのだが、固く信仰を守らねばならぬ。死を恐れるあまりに信じてもおらぬことを口に出すようなことがあってはならぬ」。老女は答えた。「申し上げた通りのことを信じております。この拙い、惨めな命のために信仰を棄てるようなことは構えてござりませぬ」。司教はにわかに声を荒らげて申し渡した。「さてこそ、お前は異端と決まった。お前の告白したのは異端の信仰だ。邪説は露見し、断罪されたと知るがよい。私はトゥールーズ司教なのだ」。

「司教はただちに役人以下、イエス・キリストの信仰を擁護する者たちを呼び入れ、異端者を断罪した。人々は時を移さず、寝台もろとも老女を担ぎ出し、伯の牧場で焼き殺した」。「司教一行は食堂に帰り、供されたままになっていたものを心楽しく食して、神と聖ドミニコに感謝を捧げた」。

これはギヨーム・ペリッソンの『年代記』に出る話で、ドミニコの列聖が公布された当日のこととなっている。だからこそ、「主とその僕《しもべ》の栄光のため、信仰の高揚と異端ならびにその一味の撲滅のため、聖ドミニコの最初の祝日に主がなしたもうた」奇蹟だというのだ。

ドミニコの列聖は一二三四年だから、この話の頃はアルビジョア十字軍、そしてパリ和約の後で、南フランスの異端はまだ諸所に潜伏しているものの、全体としては制圧され反抗的な在地の貴族や都市も一応正統教会に帰服している。異端審問は発足したばかりである。司教レモン・ド・ミルモンはドミニコ会士でもあったが、この事件で主導権を取っているのは明らかに司教であって異端審問官ではない。病人が異端側の司教と錯覚したのを利用して陥穽に陥れ、ほとんど即決で処刑したのだが、これなど問題はむしろ異端審問がまだ制度的に整備されていない点にあったかもしれない。

この話を伝えるギヨーム・ペリッソンはドミニコ会士。その作品は『年代記』というものの、それほどの内容をもってはいない。トゥールーズで身をもって体験した創設期の異端審問の記憶を整理した程度のものなのだが、それだけに敵地に孤立無援、異端追及を貫徹しようという初期異端審問官周辺の使命感、危機感、それに孤立感をよく示している。

オルレアンの火刑台

異端審問の成立以前においても、異端が処罰ないし迫害されていたことはいうまでもない。ただ、異端審問以前の段階では、異端追及は司教固有の権限だったといっても、個々に事件を見れば、かならずしも原則の通りには行っていない。異端を追及したのは世俗権力であることもあれば、民衆であることもあった。

話は少々古くなるが、一〇二二年オルレアンで異端が発覚した事件を例としてみてみよう。密告によって十数名が急襲捕縛されたのだが、司教座大聖堂づきの高位聖職者が含まれていたためにわかに問題が大きくなった。フランス王ロベール敬虔《ル・ピュー》は現地に司教や貴族の会議を召集した。これが国王の諮問会議なのか、教会会議なのか、手続き上はかならずしも明確でない。

異端たちは会議場にあてられたサント・クロワ大聖堂で「鉄よりも厳しい」尋問を受けたが、頑として自説を撤回しなかった。そこで、「王の命令と全人民の賛意により、即刻炎に付せられるべきものとされた」。この時列席していた王妃コンスタンスは「信仰の熱意のあまり」、異端者エティエンヌに躍りかかって、散々に打ち据え、爪で眼球を抉《えぐ》り抜いたという。同人はかつて王妃の懺悔《ざんげ》聴聞僧をつとめたことのある人物だったのだ。

「異端者らは何も恐れず、火にも焼けないと豪語し、忠告を与える人々を嘲笑した。王とその側近の者たちは市外、さして遠からぬところに大いなる火を燃やせと命じた。これを見れば、さしもの異端者らも怯えて邪心を捨てるであろうと思ったのである。ところが、これこそ望むところだと叫び、みずから進んで火中に入った。結局、彼らのうち十三名が火に付されたのだが、貪婪《どんらん》な炎が彼らを焼き始めた時、大声で絶叫するのが聞こえた。悪魔にだまされた、神と万物の主について今まで考えていたのは全部間違いだった、罪のためにこの世で苦しまねばならぬし、あの世ではもっと苦しむのだ、といったのである。その場にいた者は皆これを聞いて哀れに思い、半分焼けていても救い出そうと駆け寄ったが、どうにも手の施しようがなかった」(ラウール・グラベル『年代記』)。

これは火刑の先例を開いた事件でもある。後には異端の処罰は火刑と相場が決まるのだが、その理由はかならずしも明らかでない。もっとも苛酷な刑だから、あるいは火によって異端の罪を浄化するためだ、さらに肉も骨もなくしてしまって最終審判の日に復活できないようにするためだ、などという説明を見ることがあるが、いずれも火刑が定着した後のことだ。最初は悔悛を促すための威嚇だったのではないかと思われる。少なくともオルレアンの場合はそうだし、少し後にコンスタンティノープルで皇帝アレクシオスがボゴミール派のバシレイオス一味を捕らえた時もそのような気配がある。

皇帝は火刑台を二つ用意させ、その一つに十字架を立てて、どちらで焼かれたいか、異端者たちに選ばせ、十字架のもとで死ぬことを選んだ者だけを釈放した。この時は異端が火中で奇蹟を起こすのではないかと、刑吏が恐れたが、「火は瞬時にして異端者を焼き尽くしたので、肉の焦げる悪臭も立たず炎も揺らめかなかった。ただ、一筋の細い煙の糸が火炎の中に見えただけであった」（アンナ・コンムネーナ『アレクシオス帝紀』）。

異端の時代の開幕

ともあれ一〇二二年のオルレアンは一つの画期だった。初めて火刑が用いられたばかりではない。それまでの異端の比較的少ない時期の終わりを告げる事件だったからである。

オルレアンの異端は氷山の一角、地下に広がる水脈の一露頭にすぎないのかもしれないという危機感が教会の一部にあったことは確かである。自身もオルレアンの会議に出ていたブールジュ大司教ゴーズランは、「将来を憂えて後世のために信仰の準則を起草した」上、フルーリー修道院から遥かスペインのビック司教オリバあてに警報を送った。「何ぴともかかる偽りの信仰によって過ちに堕ちることなからんため、貴司教区ならびに諸修道院にことの次第を伝えるよう願う」。

事実、この頃から十一世紀半ばまでフランドルからイタリアにわたる範囲で、異端発覚の報告は十七件に達している。明らかに異端続発の時代に入ったのだ。件数だけからいえば、十一世紀後半にややまばらとなり、十二世紀に入って再び急増する。そのなかには、あまりにも情動的、むしろ暴発的としかいえないような動きもある。

オランダからライン下流一帯に広がり、結局一一一五年に殺されたタンケルムの一派などがその例だ。「信者たちは彼が体を洗った湯を飲み、あるいは聖遺物として保存すべく持ち帰った」(『聖ノルベール伝』)という。聖母マリアをおのれの妻と称したともいう。追随者のなかに多数の武装兵がいたので、一時は手の下しようがなかった。

一一四八年にランス教会会議で断罪された「星のユード」も同様である。みずから世を裁くために来臨したと号して、弟子たちを天使と呼んだ。ブルターニュ地方に勢力を得、森林に秘密の集会を催し、追随者を率いて教会を襲撃、掠奪したと伝えられる。報告に誤解や誇張が混入している可能性もあって実態はひどく摑みにくい。

ただ、十二世紀の諸事件を通じて、いくつかの傾向が次第に鮮明になってくる。つまり一つは、二元論系の異端、いわゆるカタリ派、今一つはワルドー派に代表される清貧運動に由来する異端、そして三番目が千年王国系の異端である。

清貧運動

カタリ派は異端審問の成立と直接関係するので後で述べる。清貧運動の本来の表現は福音的貧困《パウペルタス・エヴァンゲリカ》だが、日本語として熟さないので清貧と訳すのが適当だろう。要は福音書に見られる使徒たちのように貧しくあることに宗教的な要請を感じ、それを実践するので、使徒的生活《ヴィタ・アポストリカ》ともいう。眼目は悉皆《しっかい》無一物、および一所不住。日常的な世俗生活の放擲《ほうてき》である。

具体的には、ある日発心《ほっしん》して家を出、森や荒野に入り、祈りと求道の生活を送る。聖職者であることもあれば、リヨンのピエール・ワルドーや後の聖フランチェスコのように富裕な市民であることもある。もちろんキリスト教の初期からみられた行動で、そもそも修道制成立の原動力となった運動だが、十一、十二世紀、再びその高揚が見られるのだ。

どうやって生きるか。施与する人があればそれを受け、なければ草根木皮に露命をつなぐ。要するに明日の命は神の御手に委ねておくのだ。明日を思い煩うな、と福音書にあるではないか。ただし、別に誓願に縛られているわけでもなく、純粋に内心の声に従っただけだから、内心の充足を感じればもとの生活に復帰する。

むろん、実際にこのような行動に踏み切る者は少数である。ただ、このような実践者を高徳の人、神に近い人と見て尊信する風潮の生じたことが問題なのだ。道心堅固な求道者の場合、庵の周囲に渇仰《かつごう》者が住み着いて集団が形成される。こうなれば、もともと脱社会的だった運動がにわかに社会的な性格を帯びてくる。

教会の立場は微妙である。福音書の精神に帰れという主張は簡単には無視できない。しかし、教会の掌握できないところで宗教運動の展開するのが好ましくないだけでない。今や領地や財産を蓄積した教会にとって、清貧の強調は尖鋭化すれば教会攻撃に転じかねないのだ。

教会は定住して労働することを勧める。耕作して生きる糧を得る、良識的な解決のように我々には見えるのだが、それは所有と労働を別々の観念で捉える現代からの感想である。中世、所有ないし保有と労働は連合観念なので、労働を容認すれば清貧の眼目、所有の放棄が動揺しかねなかったのだ。ともあれ、指導に従えば新たな修道団形成の道が開けたし、拒絶すれば異端への道につながった。だから、清貧運動そのものは異端ではない。異端をも新修道団をも生み出し得る星雲状態だったといえるだろう。

教会から排除されて急速に異端に傾斜していった典型的な例がワルドー派である。ピエール・ワルドーと、それよりおよそ一世紀後の聖フランチェスコは、説くところにおいて大差がないのに、一方は異端として追及され、他方は巨大な修道団に成長した。教会に対する態度の相違もさることながら、基本的には教会側の政策の転換を考えざるを得ないのだ。

ワルドー派と千年王国系諸派

終末観に彩られた一群の異端は、これとはやや異なっている。ヨアヒム・デ・フィオーラはしばしば千年王国論の始祖とされるが、それが思弁的な歴史哲学にとどまっているかぎり、異端ではなかった。それが俗流化し、ドルチノ派のように民衆運動と結合して初めて異端視されるようになる。終末の予感ないし待望は、本来キリスト教と無縁のものではない。それどころか、切迫した終末観は、迫害の渦中にあった原始キリスト教団を結集する紐帯《ちゅうたい》でもあったと思われる。中世になっても最終審判は教義の基礎の一つであったことに変わりないものの、教会はこれを遥かなる時の彼方におしやって、むしろ教化の手段とした。この種の異端も原始の教会の感覚を取りもどそうとした点で、清貧運動と一脈通じるものをもっている。

いうまでもないが、異端は異教とは違う。あくまでも教会内部の問題で、正統を前提として成り立つ相対的な概念であることはいうまでもない。教義内容、教会の組織原理や統制に異を立てるものが異端となる。異端《ハエレシス》の原義は「選択」だというが、教えられるままに順応せず、自分自身で選び取って信念を確立した者は異端とされる危険が大きい。異端と聖者はまさに紙一重という場合もないでもない。運命を分けるのは外部の条件、多くは教会の判断である。

だから、異端者側には自分たちこそ真の正統だという自意識がある。つまり異端をもって自任する異端者は存在しないということだ。教会が断定してはじめて、異端となる。一一四三年にケルンで露見した異端はほぼ確実にカタリ派だったと考えられるが、尋問に対して「我らは真に使徒の生活を実践する者」、「我らの信仰は殉教者の時代よりギリシアその他の地に人知れず伝わって今に至った」と答えたというし（エヴェルヴィヌス『説教』）、同じ頃リエージュで捕縛された異端も「おのれらのもとにのみ真の教会は存すると号する」と報告されている（『リエージュ教会書簡』）。

悪魔の下僕

十二世紀後半、次第に頻発する異端発覚事件は、いずれも鎮圧されて終わるのが普通だが、その経緯はかならずしも同じではない。

ライン右岸、ボンに近いシトー会のハイステルバッハ僧院に、カエサリウスという修道僧がいた。いくつか神学上の著作もあるが、見習い修道僧の教育係という職務上の必要もあって『対話』と題する大部の本を著した。若い見習い修道僧の質問に対して物知りの老僧が例を引きながら訓話をするという構成で、全十二巻、通算七百四十六章。近世に至るまで延々と書き継がれた、いわゆる「例話集《エクセンプラ》」と総称される一群の書物のはしりである。

その第五巻「悪霊について」のなかに異端の報告がいくつか収められている。悪霊というのは、先に引いたラウール・グラベルもそうだったが、異端は悪魔、悪霊が人々の救済を損なうために唆《そそのか》した結果だという考えに立っているからである。

ある時、ブザンソンの町に二名の異端者が現われて人々を惑わした。「顔面蒼白、日ごとに断食を繰り返し、裸足で歩み、大聖堂の朝課列席を欠かさず、喜捨を受けるにもほんの少ししか食物を受け取ろうとはしなかった」。人々の信用を獲得するため、「道に花を撒《ま》かせ、その上を足跡も残さずに歩いて見せた。同様に水の上を歩いて沈まなかった。挙句《あげく》の果ては、小屋にこもって火を放たせ、灰の中から無傷で現われて見せた。そして群衆に説いたのである。我らの言葉を信ぜずとも、我らの奇蹟を信じよ」。司教以下大いに憂慮して、彼らは異端、詐欺師、悪魔の下僕であると断定したところ、「住民の怒りは凄まじく、石を投げて司教たちを撃ち殺そうとした」。

司教は「降霊術《ネクロマンティア》に通じた一老僧」の知恵を借りる。僧が悪魔を呼び出して問いただすと、「奴らは俺の家来で、俺が送り込んだのだ。だから、俺の吹き込んだことを説教している」、「奴らの脇の皮膚の下に俺との契約書が縫いこめてあって、その力で奇蹟も起こせるし、火や水に入っても害を受けないのだ」ということが判った。

司教は住民を広場に集めて言った。「あの男どもが、お前たちのいう奇蹟なるものでもって教説を証明できたら、私もお前たちと一緒に喜んであの者たちに従おう。しかし、証明できなければ、彼らは罰せられねばならないし、お前たちも悔い改めて先祖の信仰に帰らねばならぬ」。そこで、町の真ん中で大きな火が燃やされた。

「司教はこういった。お前たちが護符を身につけていないか、調べたい。異端者はただちに衣服を脱ぎ捨てて、自信たっぷりに答えた。体でも着物でも、よく探してくれ。前もって言い含められていた兵士が、彼らに腕を上げさせると、小さな傷痕のようなものが見つかったので小刀で切り開いて、縫い込まれていた契約書を取り出した」。そこで火のなかに入れと命じると、「狼狽して、今は火に入れないと抗弁した。そこで司教は民衆に奸計を暴露し、契約書を見せた。これを知って民衆は激怒し、用意した火に悪魔の下僕たちを追い込んで、悪魔とともに劫火の責め苦を受けさせたのであった」（『対話』第五巻第十八章）。

カエサリウスに限らず例話集共通の特徴だが、話ごとに出典が、つまり文献なら書名、伝聞なら話者の名が挙げてあることが多い。もちろん話に迫真性をもたせるためだ。カエサリウスの場合、全体の六割に出典の挙示があり、さらにその半ばがシトー会の内部での伝聞である。シトー会は後にドミニコ会が成立するまで教会の中で異端対策の最前線に立っていたし、年次総会に報告が集約されていたから、異端に関する彼の知識は豊富だったはずである。ここではお膳立はどうあれ、この場合に異端を処刑したのが「住民」であることに注目しておきたい。

異端の人々

ケルンで捕らえられた異端者数名の場合はこうなっている。「学識ある人々によって罪ありと断定され、世俗の裁判に付された。目撃者たちの言によると、火刑台に引立てられる時、異端者の一人、他の者たちから頭目とみなされていたアルノルドなる者が小量のパンと一椀の水を乞うた。願いは聞き届けるべきだと考えた者もないではなかったが、思慮ある人々は反対した。弱き者の躓《つまず》きの石、ひいては滅びの原因ともなる悪魔的な護符がそれで作られるおそれがあるというのであった」。

聞き手の見習い修道僧が訝《いぶか》ると、こう説明している。「三年前にスペインで焼かれた別の異端の言葉から察するに、彼はそれでもって弟子たちのために永劫の堕罪の終油、冒瀆の聖餐を執行しようとしたのだと思う。スペインのわが僧団の院長で、異端の非違を糾明した経験のある人物が当僧院を通過した際に語ったところによると、食卓のパンと水をキリストの聖体に変えることができると説く者がいるということだ」。

「彼らは市外、ユダヤ人墓地の近くで一まとめにして火に投じられた。群衆の見守るなか、炎が彼らを捕らえた時、頭目のアルノルドが死に行く弟子たちの頭に手を載せて励ました。『信仰堅く信仰を保て。今こそお前たちはローレンスとともにあるのだ。実は、ローレンスの信仰とは、およそ比べものにならなかったのだけれど。彼らのうちに若い娘が一人いた。異端ながら美しい娘だった。同情した者たちが火から連れ出して、夫をもたせてもやろう、望むなら尼僧院に入れてもやろう、と約束した。娘は言葉では同意したものの、異端たちが絶命した後、誘惑者はどこにいるか、と尋ねた。アルノルドの死骸を示すと、娘は擦り抜け、衣服で顔を覆い、死骸の上に身を投げかけた。そして、彼ともども永遠の劫火に焼かれるべく地獄へとおもむいたのだ」(『対話』第五巻第十九章)。この場合は世俗の腕が働いているが、執行には群衆の意向が反映している模様で、かならずしも厳格な手続きを踏んではいない。

メッツでは抑圧に失敗した。これはワルドー派と特定してある。

「ある祝日、司教が大聖堂で説教していて、会衆のなかに悪魔の手先が二人いるのを見つけた。指差して叫んだ。悪魔の使いがいるぞ。先にモンペリエで私自身も立会って追放した者どもだ。彼らは大胆にも抗弁し、あらゆる侮辱を投げつけ、教会を出ると群衆を集めて誤った教えを説いた」。「司教はどうすることもできなかった。有力な市民たちが彼らの味方となり、司教に敵対したからである。司教が彼らの一族の高利貸しを追放したのを根にもっていたのである」(同第五巻第二十章)。

パリでは学僧たちのなかから異端が出た。「地獄も天国も存在しない。天国は自分たちのように神を知る者のうちにあり、地獄は口中の虫歯同様、罪ある者のうちにあるにすぎない。聖者のために祭壇を設け、聖像の前で香を焚《た》くのは偶像崇拝だ。殉教者の骨に口づけするのはおのれの頰をおのれの舌で舐《な》めるのと同じことだ」などと説いたという。「たまたま王は不在であったが、その帰還を待って火刑に処した。尋問に何一つ答えないばかりか、断末魔の苦悶のさなかにあってすら悔悛のしるしを見せないほど頑迷であった。彼らを刑場に引き出した時、大嵐が巻き起こったが、これこそ今処刑される者どもに邪説を吹き込んだ悪魔の仕業に相違ないと、皆が考えた」。「その夜、彼らの首魁と思われていた男の亡霊がある世捨人の扉を叩き、今自分は地獄にいて劫火に焼かれることになっていると語って、過ちを告白したが、遅すぎた」(同第五巻第二十二章)。

「トロワでは、悪魔の乗り移った男が公衆の面前で、自分は聖霊である、と言い出した。狂気の沙汰に群衆が腹を立て、男を籠《かご》のなかに押し込め、油を注いで焼き殺し、灰にしてしまった」(同第五巻第二十三章)。これはむしろ私刑である。

背徳の饗宴

今までに見たところでも、カエサリウスには異端を悪魔と直結する傾向が顕著だったし、ブザンソンの異端ではお伽話じみた解説すら付け加えていた。ヴェロナの異端のくだりになると、悪魔ではないが背徳乱倫の非難が出る。

後にケルンのザンクト・ゲレオン教会の参事会員となったエヴラルドゥスがヴェロナに滞在していた頃、「毎晩家主が女房と娘を連れて外出するのに気づいた」。不思議に思って尋ねると、ついて来いということであった。「そこで彼らとともにある地下の広間に行くと、大勢の男女が集まっていた。一同うち静まったところで、異端の頭目が冒瀆の言辞に満ちた説教をした。その後、灯火を吹き消して、昔、教会の初めの時代にキリスト教徒を中傷するために異教徒がいいふらしたのと同じような光景を現出した」。

エヴラルドゥスは半年ばかりこの秘密の集会に通ったが、やがて恐ろしくなって行かなくなった。後年、述懐したという。「異端の集いにたびたび出かけたが、それは教説に共鳴したからではなく、罪を犯す機会を求めて行ったのだ」。

カエサリウスの解説はこうだ。「見るがよい。異端者らがそもそもいかなる掟を奉じているか。いかなる暮らしをしているか。復活も地獄も邪《よこしま》なる者の罰も信じないのだから、これも驚くに当らないのだ。罰など考えず欲するままに振舞うのだ」。この異端はおそらくカタリ派である。

原初のキリスト教徒が受けた中傷とは、夜陰に紛れていかがわしい集会を催しているというもので、ギボンが紹介している。「嬰児《えいじ》をすっぽり麦粉で包んで、あたかもそれが入信密儀の象徴ででもあるかのごとく、新改宗者のナイフの前に差し出されるのだった。改宗者の方はなんにも知らず、この誤った無心の犠牲に無数の致命傷を負わせる。そしてこの残忍な行為が実行されるやいなや、信徒どもはその鮮血を飲み干してまるで餓鬼のように、まだ慄えている四肢を引裂き合う」。「ただ行き当りばったり兄弟と姉妹、母と息子、怖るべき近親相姦の乱交が夜の闇の中で行われる」(『ローマ帝国衰亡史』2、第十六章、中野好夫訳、筑摩書房、ちくま学芸文庫、一九九六年、四六―四七頁）。

　実は、これは中世を通じて異端に執拗に付きまとう話なので、十一世紀コンスタンティノープルのミカエル・プセロスの『悪霊の所業に関する対話』にも「嫌らしい話」が記録されているし、同じ頃アデマール・ド・シャバンヌの『年代記』も前述オルレアンの異端に関連して、「大いなる力を伝授すると称して死せる童子の灰を持ち歩く」異端教祖の話を伝えている。「この灰を服用する者はたちまち異端の一味となった」というのだ。同じ異端については、「彼らはしめし合わせて集まり、おのおの蠟燭《ろうそく》を手にして連禱《れんとう》のようにもろもろの悪霊の名を唱える。すると、小さな獣の形をした悪霊が彼らの真っ只中に降りて来る」という記事もある。あとはお定まりの乱交と幼児供犠である（ポール・ド・サンペール『ウェトゥス・アガノ』）。十二世紀初め、ソワッソン付近の農村地帯の異端についても、ギベール・ド・ノジャンが絵に描いたような背徳の饗宴《オルギー》を誌《しる》している。具体的な描写はないが、アラン・ド・リールもカタリ派異端が「ひそかに集会を催して、この上なく汚《けが》らわしい行為にふける」という噂を採録している（『正統信仰について』）。話の主な要素は常に嬰児《えいじ》供犠、秘薬、乱交である。

　十五世紀になってもシエナの聖ベルナルディーノが説教の中でワルドー派を非難している。「日の落ちる頃、男女ともども定めの場所に集まって、ごった煮遊びをする。一つだけ点《とも》した灯火を、頃合を見計らって吹き消すのを合図に、誰彼かまわず手当り次第に挑みかかる。ああ、何たるおぞましさ。ピエモンテにはこのような異端が巣くっているのだ」(『説教』)。

「誰知らぬ秘密の集会」だというのだから、真偽のほどは確かめようもないけれど、まず事実としてはありそうもない。絶無とまで断言できないにしても、大部分は想像の産物だと思われる。カエサリウスが体験者エヴラルドゥスの名を挙げているのを唯一の例外として、いずれも「聞くところ」によるのだし、話として古代以来あまりにも定型化している。シエナの聖ベルナルディーノは明らかに事実に反する。ワルドー派の末裔《まつえい》が人里離れた山間僻地《へきち》に逃れて作った強固な共同体は長く存続し、やがて宗教改革のプロテスタントに吸収されていったので、その実態がわかるのだが、質素で勤勉なその共同体の姿はおよそ「秘密の集会」の噂とあい容れない。カタリ派ないしその系統の異端の場合には問題がやや微妙になるが、異端審問官たちの報告から得られるカタリ派像は極度の禁欲の実践者なのだ。

異端審問官気質

ここで気づくことが二つある。一つは、上述のような悪魔の関与、背徳の饗宴、幼児供犠と結びついた異端の図柄が、カエサリウスの生きた十三世紀の僧院的環境だけでなく、中世を通じて人々の想像のなかに生き続けたらしいということだ。それは、イギリスのウィリアム少年やドイツのヴェルナー少年のように、ユダヤ人の人身供犠の犠牲となったと信じて

「民間」聖者を生み出したのと、おそらく同じ地盤に根ざしている。

今一つは、このように「怪しげな」記述が年代記作者やいわゆる文人の著作に頻出するのに対して、異端審問官が作成した異端の観察報告、供述調書、判決書に見られないことである。異端審問官は異端の摘発と抑圧にもっとも情熱を燃やした者たちだったのだから、考えてみれば不思議な現象である。察するに、事態は深刻、異端の危険は重大、安易な誹謗《ひぼう》では解決しない、まず客観的な事実を把握して初めて対処できると彼らは考えたのではないか。それが審問官気質だったとすれば、冷徹無比、情熱と意志の緊張に耐え得る、あの時代としては特異な型の人間がここで登場したことにならないだろうか。

むろん、異端審問が魔術や呪術の類に関心を示さなかったのではないが、それは多くの場合、教会の秘蹟に対する冒瀆の面からである。彼らはあくまでも内面の信仰を問題にしたのであって、悪魔という不可思議な外力にはほとんど関心を示していない。猛威をふるったスペイン異端審問にしても、魔女には不思議なくらい冷淡だった。中世末、むしろ近世初め、いわゆる魔女狩りの季節が到来して国によっては異端審問が大きな役割を演じるが、これは今我々が問題にしているのとは一応別の時代相である。

ここで、憶測をたくましくするならば、仮に中世末から近世初頭にかけて魔女狩り、ないし魔女妄想に民衆次元の社会的フラストレーションの解放という側面があったとするなら、十二、三世紀には異端が魔女の代わりをつとめたのではないだろうか。いわば魔女妄想に代わる異端妄想があったのではないだろうか。そして、少なくともベルナール・ギーの時代の異端審問官がこの種の妄想から自由であったことに注目したいのだ。

何が正統で何が異端か

今まで見ただけでも、民衆が蜂起状態となって異端を殺害している例がある。この種の事件はかなり頻発しているので、異端者としてはかなり大物のピエール・ド・ブリュイも一一三九年、サン・ジルの街頭で憤激した民衆によって火焙《ひあぶ》りにされた。反面、異端を支持したのも民衆だった。容易に彼らの説教に耳を傾け、場合によっては粗末な詐術にも惑わされたのだ。つまりは民衆が分裂し、しかも両極に揺れ動く。

民衆の動向が不安定だっただけではない。何が正統で何が異端なのか、にわかに見極めがたい場合も多いのだ。アンリ・ド・ローザンヌも当初は類《たぐ》い稀《まれ》なる求道者と称賛され、ル・マン司教から説教を許可され推奨された時期があった。ワルドー派の形成期も同様である。新修道団としての認可を推す保護者が、一時は法王庁内にもいたのである。

逆に、熱心な正統説教者のなかにも、言動の点で異端とほとんど区別のつかない者がいた。十二世紀末のフルク・ド・ヌイイは下層聖職者の出身で、教育を受けていないのみか学識を積極的に軽蔑していた。街頭の説教に使命を感じ、またよく聴衆を感動させ、奇蹟を起こすとも噂されたし、一部では「聖者」視されたという。十字軍の勧説ではかなりの役割を果たした。ただ、禁欲や苦行が聖徳のあかしとされた当時としては珍しく、この人物には苦行者らしいところなどどこにもない。何でも食べたし、通夜や断食は平然と無視したという。カーンでイギリス王に捕らえられた時、王に向かって「三人の娘を速やかに家から出せ」と勧告した。王に娘のないのを知りながらの揚言を咎《とが》めると、こう答えた。「王の長女の名は傲慢、次女のは貪欲、三女のは邪淫だ」。王も負けてはいない。「それならば、長女の傲慢は聖堂騎士団に、次女の貪欲はシトー会に、末娘の邪淫は司教たちに嫁がせることとしよう」。異端と紙一重である。

追随者の大群

これより約半世紀後、身もとの定かでない説教者がいた。「ハンガリーの師」と自称したという。エジプトにおける聖王ルイの敗北を論じ、名もなき民の十字軍を説いて熱狂的な支持を得る。握り締めて開いたことのない右の拳には、聖母おんみずから授けたもうた書き付けがあるのだと噂された。托鉢僧団は浮浪者、シトー会は財貨の掠奪者、ベネディクト会は大食漢、聖堂参事会は漁色者、司教は貪欲の権化だと、教会の現状を痛罵した。パストゥールーと呼ばれた追随者の大群はやがて暴民化して掠奪やユダヤ人虐殺に走り、王軍に追討される。説教者自身も混乱のうちに殺害されたが、あれはキリスト教徒を東方に送って悪魔の餌食にしようとした偽装イスラム教徒だったという流言が残った。

教会が危機感を抱いたとしても不思議はない。実はこのような現象は十一、十二世紀以後のことなので、その背景には一般民衆の宗教感情の成熟と横溢《おういつ》があるだろう。そして片一方に教会の制度的な整備がある。大ざっぱな言い方をすれば、教会の本格的な信者教育がはじまったのも十三世紀と見てよいだろう。フランチェスコ会、ドミニコ会など托鉢僧団の説教師が陋巷《ろうこう》の隅々まで入りこんだだけではない。最低年一度の告解と聖体拝受が教区教会の説教壇を通じて強力に勧告される。これは同時に、異端審問が成立した時期でもある。

むろん、異端に追随する民衆よりは迫害する民衆の方が圧倒的に多いのが普通だ。この関係が逆転とまでいかなくても、寛容派ないし無関心派が多数を占めれば、事態はにわかに重大化する。そして、それが南フランスのカタリ派の場合だった。

異端カタリ派

カタリ派は東方、バルカン半島のボゴミリ派の系譜を引く異端で、何よりも厳格な禁欲の戒律で知られた。とりわけ肉欲と肉食と殺生を嫌った。もっとも、いわゆる菜食主義者とは異なる。「およそ交尾によって成れるもの」を嫌悪し「木と水によって成れるもの」だけに限ったのだから、乳製品をも避ける一方魚は口にした。魚は水中に自然に湧く植物の一種と考えるのが当時一般の風潮だったらしいから、かならずしも彼らが身勝手だったわけではない。彼らは現世を悪の世界つまり地獄と見て、神の世界たる霊界と対置したのである。現世の創造者たる旧約の神は悪魔にほかならず、従って旧約聖書は悪魔の書で、新約聖書、それも独特の解釈を施した新約聖書だけがよりどころとなる。つまりは極端な厭離穢土《おんりえど》の希求をもっていた者たちである。

人間の肉体はもちろん悪魔の創造物である。神の世界に属する霊魂が肉体という牢獄に繋がれて地獄にほかならぬ現世を彷徨《ほうこう》しているというのが彼らの人間観だから、現世の絆から離脱する以外に救いの道はない。彼らの教団つまり真のキリスト教会に加入し、戒律をまっとうして死ねば天界に帰れると考えた。彼らの教会への加入、つまりバプテスマの授礼には水を用いなかった。悪魔がつくったものだからだ。これを「救慰礼《コンソラメントゥム》」あるいは「按手《インポシティオ・マヌス》」と呼んだ。救慰というのは天界の聖霊と合体して霊魂が慰めを得るからだし、按手は授礼の所作を指す言葉である。この時に「主の祈り」が伝授され、一人前のキリスト教徒、正統教会側から見れば一人前の異端者となる。

ローマの教会は悪魔の教会で、その制度も秘蹟も慣行も一まとめに否定したから、妥協の余地はない。この時代、体制信仰たるカトリックは制度や道徳一般を裏打ちしていたから、影響するところは大きい。事実、彼らは権力も制度も所有も生産も交換も認めなかった。一切、悪魔のわざなのだ。当時続発した異端諸派のなかでも恐ろしく攻撃的である。教会がここにもっとも危険な敵を見て取ったのも当然である。

その極端な悲観主義、むしろ徹底した虚無主義の実践者として、彼らは後世にも人々の目をそばだたせ、自殺を儀典化していた、太陽を礼拝した、財宝を秘匿した等々、ほとんど根拠のない多くの伝説がまつわりついて、実態の理解が困難になっている。当時は古代マニ教の残党あるいは復活だと考えられた。異端審問官たちが「新マニ教徒《ネオ・マニカエイー》」と呼ぶのはカタリ派のことである。霊界と現世、二つの創造主、つまり二神論とくれば、ただちにアウグスティヌスの宿敵だった古代マニ教を連想したのも無理はない。何しろ、アウグスティヌスの威信は絶大だったのだから。

このことは、当時の観察報告を扱う時の留意点の一つとしてもよいだろう。つまり、先入観になっているアウグスティヌスの図式に従って情報が整理されている可能性があるということだ。古代からの連続は証明できないとするのが現在学界の大勢だし、カタリ派自身が少なくとも主観的にはキリスト教徒だったことも確かである。

我々が不思議に思うのは、いったいなぜ、このような苛酷な教義を奉じる異端が社会に受け入れられたのか、ということだ。彼らの教義が当時の都市なり農村なりの特定階層や集団の要求に合致したのではないかという想定は、まず成功しない。彼らは社会の特定のあり方を非難したのではなくて、現世そのものを全体として否定したのだからだ。事実、この峻烈な戒律に耐えるのは常人には不可能だから、「完徳者《ペルフエクティ》」、「善教徒《ボニ・ホミネス》」、あるいは「善信者《ボニ・クリスティアニ》」、つまり救慰礼を受けた本物の異端者はごく少数で、周辺の共鳴者が多数だったのだ。その多くは受礼入信をできるだけ先に延ばした。つまり、臨終の床での入信を望んだ。末期《まつご》の入信は教義上はあくまでも臨機応急の手続きだが、実際にはこれが一般的な形だったらしい。ここに苦行道を一転して易行道に変える鍵があったように思われる。本章冒頭で紹介したトゥールーズの老女の例は、正統教会の司教を末期の救慰礼を授けに来たカタリ派の司教と勘違いしたための悲劇だった。

帰依者《クレデンテス》たち

表面的には異端が制圧された後にも、地下に潜行した異端者は末期の受礼の要望に応えるべく危険を冒して巡回していた。むろん、これを手引きし、かくまう者たちもいたのだ。一二二九年十一月のトゥールーズ教会会議の決定に、「異端の疑いありとされる者に医師の診療を受けさせせてはならない。病人が聖職者の手から聖体を拝受したる後は、死亡あるいは治癒《ちゆ》に至るまで、昼夜をわかたず付添人の監視下に置かねばならない。異端者またはその疑いある者をして接近せしめぬためである。我らはかかる訪問によって、厭《いと》うべき結果が生じると聞いている」とあるのは、この臨終入信を警戒しているのだ。

この種の将来の入信希望者、死に際での入信予約者がいわゆる「帰依者《クレデンテス》」なのだが、まだ入信していないのだから戒律に拘束されることはない。それだけでなく、正統教会の管理する既成のモラルに違反しても罪の意識を感じることはなかったはずである。先に紹介した異端の背徳乱倫の噂は多くは事実無根だろうが、仮にそれに近い事実があったとすれば、それは異端者たちその者でなく、帰依者たちの一部での現象だったであろう。

カタリ派の信奉者に二種類あったことは、当時すでに観察されていた。ピエール・デ・ヴォードセルネーは十二世紀のカタリ派を描いて、「異端のうちある者どもは完徳者あるいは善信者、他の者どもは異端の帰依者と呼ばれる。前者は黒衣を着して貞潔を保つと称し、獣肉、鶏卵、乳酪を摂らない。なかんずく、神について常に偽りを語るにもかかわらず、虚言者と見られることを嫌い、いかなる場合にも誓いを立ててはならないと説く。これに対し帰依者とは、俗世に生きて完徳者の生き方に倣《なら》おうとせず、しかも異端の信仰によって救われんと望む者どもの謂《い》いである。両者は生き方において分かたれ、信仰、とりもなおさず邪心において一つである。異端の帰依者なる者どもは暴利、盗掠《とうりゃく》、殺害、不倫、偽誓その他あらゆる非道に身を委ねる」と述べている（『アルビジョアの歴史』）。

初めてカタリ派に接した時、民衆の目には教義はさておき、まず禁欲の実践者として映ったのではないかと思われるふしがある。つまり、彼らを完璧な清貧の者と見たのではないかと思われるのだ。だとすれば、その教説は一見ひどく奇矯と思われても、やはり時代の要求に添っていたのだ。禁欲の生活に痩《や》せ衰えながら、危険を冒して山野を跋渉《ばっしょう》し、税を取り立てる肥え太ったカトリックの聖職者を攻撃する姿には人々に訴えるだけの迫力があったに違いない。

クレールヴォーの院長、聖ベルナールが南フランスに伝道した時、群衆のなかの異端に心を寄せる者が聖者の乗馬の肥え太っていることを非難したという。我々の異端者は院長さまの馬みたいに太ってはいませぬぞ。聖者の応酬はこうだった。神の裁きの前に出る時、私もお前の師匠も馬の頸《くび》の太さで裁かれることはあるまい。自分の頸の太さで裁かれるはずだ。私の頸がお前の師匠の頸より太っているか、見るがよい。この挿話にも、清貧の実践が問題だったことが窺われる。

カタリ派の出現

カタリ派の本格的な西欧出現となると、どうしても十二世紀四〇年代に着目せざるを得ない。一一四三年ごろケルンで露見した異端、少なくともその一部は明らかにカタリ派である。「交尾によりて成れるもの」を拒むというのがカタリ派にしかない特徴だからである。一一六三年に同じ町で捕らえられた者たちは「俗にカタリ派と呼ばれる異端」であった。

問題は南フランス、特にラングドック地方だった。一一四五年、現地の状況を憂えたクレールヴォー院長ベルナールが対抗伝道の旅に出た。シトー会を西欧の大勢力に築き上げた聖界の大物である。行く先々で対応は異なっていた。トゥールーズでは市民が迫って異端者との対決を要求する始末だったし、アルビでは最初市民が露骨な敵意を示したが、彼の説教を聞くに及んで涙ながらに服従を誓った。ヴェルフェイユという小さな町に乗り込んで説教を試みたところ、地元の騎士たちが大騒ぎをして一言も聞き取れなかった。そこでベルナールは、「足にて土埃《つちぼこり》を掻《か》き立てた。汝らは塵《ちり》であり、塵に帰る身にすぎぬ、と言おうとしたのである」。要するに、町から追い出されたのだ。「町を見返りながら、呪咀《じゅそ》を投じて言った。ヴェルフェイユよ、神、汝を荒野と化したまわんことを」（ギヨーム・ド・ピュイローランス『年代記』）。

この時、住民の反応には独特の浮動性が見られるので、どれだけ異端が確固たる地歩を築いていたか、いまだ疑問がある。また異端というのがカタリ派だけだったかも、定かでない。

しかし、一一六七年には、現地サン・フェリックスでカタリ派が宗教会議を開くまでになった。東方からニクィンタという指導者を招き、イタリアからも北フランスからも代表が参集した。この会議の状況を摘記した異端側の覚書が残っているのだが、実はこの覚書には贋《がん》作《さく》ではないかという疑問がつきまとい、いまだに真贋の決着がついていない。十七世紀に初めて印刷されて紹介され、しかも原本が紛失しているという出所の怪しさが疑惑の発端である。覚書の内容は、その他の史料から復元できる異端展開の大きな構図のなかにぴたりと収まるのだが、適合するから本物だ、いや適合しすぎるから偽作だと論議は果てがない。手が加えられているかもしれないにしても基本的には本物だと思われるが、仮に贋作だとしても、だいたいこの時期、つまり十二世紀の六〇年代、南フランスにいくつかのカタリ派教団が成立したと考えて間違いないだろう。

カタリ派は単に教説に共感する者たちの漫然たる群れではない。救慰礼という秘蹟を救済の要件とする以上、彼らの「教会」、つまり教団を組織してこれに所属することが不可欠だった。

一一九〇年代になれば、異端は南部の町々を白昼公然と横行している。後の異端審問での供述が「何年前に」として見聞を述べているところを逆算すると、だいたいこの年代に集中するのだ。もっとも、異端審問関係の記録が出現するのが十三世紀三〇年代で、供述者の体験と記憶の遡《さかのぼ》り得る限界がこのあたりだろうから、九〇年代以前から異端化は進んでいたかもしれない。

このような前代未聞の事態を招いたのは、一つには「世俗の腕」がまったく機能しなかったことによる。それどころか、現地大小の貴族には陰に陽に異端を庇護し、少なくとも黙認する者が多かった。貴族の女性がカタリ派の救慰礼を受けている例は枚挙にいとまない。これは他地方と異なる大きな特徴である。今一つは、現地教会が異端の展開にさしたる危機感を抱かず、仮に抱いたとしても無能だったことによる。この地方にはまだグレゴリウス改革が定着せず、要するに聖職者も貴族社会に密着していたのだ。

教会の危機感

現地はともあれ、西欧的なレヴェルで、教会が危険を感じたのは当然である。先の聖ベルナールの伝道行もその表れの一つだったが、一一六三年には法王アレクサンデル三世がリヨンに教会会議を召集して君主たちに異端鎮圧を呼びかけたし、一一七九年の第三次ラテラノ公会議では「力をもって異端に対抗する」ことが議に上った。そして、ヴェロナ公会議の決議を受けたルキウス三世の勅令「滅ぼすべきは《アド・アボレンダム》」は、司教に毎年少なくとも管内を巡回して異端を発見することを命じ、全住民には異端の疑いある者を発見次第司教に報告することを義務づけ、地域の支配者に教会への協力を誓えと要求した。

この勅令が普通に異端審問制度の淵源《えんげん》とされる文書だが、この段階では未だ責任者は司教である。これら一連の対策の背後にはシトー会の努力があった。ドミニコ会が成立するまで、異端対策の最前列にいたのは、聖ベルナール以来の伝統に立つシトー会である。

インノケンティウス三世の登位（一一九八年）とともに、教会の異端対策が本格化する。法王は相次いで特使を南フランスに派遣した。なかでも、シトー会士ピエール・ド・カステルノーの活動が長かった。ピエールは疲労困憊《こんぱい》して解任を申し出る。現地南フランスの聖職者の無自覚と怠慢がはなはだしく、その指導や粛正に疲れてとうてい異端対策まで手が回らないというのだ。法王は許さない。「神の酬《むく》いたまうのは成果に対してではない。労苦に対してである」。

この頃、新しい重要な人物が登場する。スペインから来たオスマ司教ディエゴ・デ・アセベドに随行して来たドミニコ・デ・グスマン。いうまでもない。後の托鉢修道団、ドミニコ会の創設者である。ドミニコ会が新しい時代の精神を体現して多くの神学者を輩出するばかりでなく、異端審問の主たる担い手となっていくことを思うと、彼が南フランスに現われた一二〇六年という年は、記憶に値する年代だといってよい。

ドミニコ会のはじまり

ディエゴとドミニコは南フランスの現状を深く憂慮した。「使徒的な説教」のほかに方策はないというのが、彼らの判断だった。つまり托鉢しながら労苦をいとわず山野も陋巷も経《へ》巡《めぐ》って民衆に説き続けようというのだ。異端者たちの活動と同じスタイル、同じ熱意で対抗しようというのだ。

モンペリエでシトー会士からなる法王特使団の会議に招かれたディエゴは、「異端者どもの習わしと振舞いを見た結果について述べ、民を邪教に引き込む異端者らの常套手段がその言説を聖徳の偽装でもって信用させる点にあることを指摘した。他方、我が伝道団については、長大な行列、山のような行李《こうり》、莫大な費用、そして美々しい衣服を指摘した」。そして言ったのだ。「何よりも異端者らの実際の生き方を信用している民を言葉だけで信仰に引き戻そうとしても、それは不可能だ。異端者どもを見るがよい。彼らは真に敬虔なる者と見えるではないか。偽りとはいえ、福音書の清貧と簡素な生活の範例をもって純朴なる民の心を把握しているではないか。彼らと正反対の暮らしぶりを見せるかぎり、彼らの教化はできま

聖ドミニコ（14世紀、サン・ドメニコ教会、ボローニャ）

い。一本の釘を抜くにはもう一本の釘を打ち込む以外にない。真の聖徳をもって偽りの聖徳を追い払う以外にないのだ」。

これはドミニコの弟子、後に師の跡を継いでドミニコ会総長となったジュルダン・ド・サクスの『説教僧団創設小史』の記述である。説教僧団とはドミニコ会の別名、というより正式名称である。十三世紀を代表するこの巨大な修道団は、まさしく異端に触発され、異端に対抗するために誕生したのだ。それにしても、ディエゴたちは民心内奥の希求をよく洞察していたと言えるだろう。

司教ディエゴはスペインに帰らねばならなかったが、ドミニコは南フランスに踏みとどまる。ドミニコ会の正式認可（一二一六年）に先立って、一二〇七年にはプルイユに最初の僧院《クーヴァン》を設立した。これは異端から奪回した女性を収容するための尼僧院だが、同時に活動の拠点ともなる。

彼らの伝道を迎えて、随所に異端側は公開論戦を挑んだ。ファンジョーでのことである。「信者不信者をとわず無数の聴衆が集まった」。決着がつかないので、双方に論旨を記した覚書を提出させ、三人の判者に正邪を判定させることにした。ところが、今度は判者間の論争が決着しない。「その時、彼らに一つの考えが閃いた。双方の覚書を火中に投じ、燃え尽きない方を真の信仰を述べるものと見做《みな》すというのだった。早速大きな火が燃やされ双方の書物が投げ込まれた。異端の書がたちまち燃え尽きたのに対し、神の人たるドミニコの文書は焦げもせぬばかりか、火中より跳ね上がって遠くに落ちたのである。二度試み、三度試みても結果は同じだった」（『説教僧団創設小史』）。聖ドミニコの最初の奇蹟である。

別伝では、彼の著作を手に入れた異端者が炉のなかに投げ込んだところ、焼け焦げ一つできなかったので、驚き恐れて正統信仰に帰ったことになっている。聖ドミニコの奇蹟には書物に関するものがほかにもある。アリエージュの急流を渡った時、懐から大事な書物が落ち

《聖ドミニコとアルビジョア派》（ペドロ・ベルゲーテ、1493-99年、プラド美術館、マドリード）

て流れた。後日漁師の網にかかって彼の手もとに返った時、いささかも損じてはいなかったというのだ。

モンレアールでは南フランスの全異端者が参集し、論戦十数日に及んだ。彼の徒手空拳の伝道はある程度の効果を挙げたらしい。ワルドー派異端の論客だったデュラン・ド・ユエスカが異端を棄てて、小さなカトリック貧者団を組織し、以後は異端反駁《はんばく》のために筆を振るった例もあるからである。

「すべて殺せ」

一二〇八年一月、事態は急展開した。法王特使ピエール・ド・カステルノーがローヌ河畔に暗殺されたのだ。下手人は逃亡したが、ラングドック最大の領主トゥールーズ伯レモン六世の密命を受けたものと解釈された。特使が異端者庇護の廉《かど》でレモン六世を破門した直後のことだったからである。インノケンティウス三世は使徒の座の威信にかけて、破門貴族の領地は誰でも自由に切り取ってよい旨を宣した。世にいうアルビジョア十字軍の宣布である。

北方の騎士たち、それに一旗組の冒険者たちも加わった十字軍が動いたのは、翌一二〇九年の初夏だった。領導するのはシトー院長アルノー・アモーリ。この時は法王特使を兼ね、後にナルボンヌ大司教となった人物である。主力はローヌ河沿いに南下してベジエの町を包囲し、ここで空前の惨劇を現出した。前引ハイステルバッハのカエサリウスの伝えるところはこうだ。「住民十万余という大いなる町ベジエに到達して陣を敷いた。言うもはばかることながら、城壁の異端者どもは福音書に尿《いばり》を振りかけて投げ落とし、その後から矢を射かけて叫んだのである。馬鹿者め、それがお前たちの有難《ありがた》がる律法だ」。激昂した寄せ手が突撃して、ついに市内に乱入する。

「市内には異端者も正統信者もまじっていて見分けがつかない。兵士らが、いかがすべきか伺いを立てたところ、院長以下は、多くの者が正統を装って死を免れ、十字軍の去った後で異端に帰るのではないかと危惧した。そこで、院長はこう答えたと言われている。すべて殺せ。主はおのれの者を知りたまう。かくてこの町で数知れぬ男女が殺されたのである」(『対話』)。

住民十万余というのは明らかに誇張で、実際にはまず九千、最大限に見積もっても一万二千を超えることはなかった。むろん、これでも当時としては立派に都市の部類に入る。大虐殺だったことは確かだが、問題は異端に対する姿勢、「すべて殺せ。主はおのれの者を知りたまう」にある。そのうち後段は、文脈は違うが「テモテ後書」第二章に出典がある。いうまでもない。正統信者は神の加護で自然に免れるはずだ、あるいは殺されても天国へ行くはずだ、という意味で要するに無差別殺戮の号令である。

ところで、人口に膾炙《かいしゃ》した院長の号令は、実はカエサリウスだけが伝えているので、ピエール・デ・ヴォードセルネーの『アルビジョアの歴史』にも載っていない。ピエールもシトー会士。北フランス、ヴォードセルネー修道院の修道僧である。同院の院長ギーは彼の伯父で、アルビジョア十字軍に参陣した後も南フランスにとどまり、一二一二年にはカルカッソンヌ司教となる。ピエールは秘書役として伯父である院長に随行して、事件の経過をつぶさに観察した。この作品は、記憶も未だ鮮明な一二一三年にはあらかた完成していたから、いわば事件にもっとも近い記録である。

占領は、小さな遭遇戦が拡大して指揮も統制もあらばこそ、自然発生的な市内乱入の結果だったらしい。「兵士らは貴族に命令を仰ぐこともなく攻め立てて、驚くべきことだが、たちまち町を占領した。乱入するや否や、彼らは住民をことごとく殺戮し、町に火を放った。もっとも幼い小児も、もっとも高齢の老人も、免れはしなかった。ベジエ占領は聖女マリー・マドレーヌの祝日であった。これが神意による裁きでなくて何であろう」。明らかに大虐殺を是認した書きぶりだが、院長アルノー・アモーリの号令は記されていない。

誤伝、あるいはカエサリウスの創作ということも十分あり得るが、彼が主としてシトー会の情報網から材料を得ていて、大筋においては事実を伝えていることのほかに、別の史料から知られる院長アルノー・アモーリの言動を見れば、案外これが事実だったかも知れないのだ。別の史料というのは前引『アルビジョアの歴史』のことだが、ベジエの翌年、十字軍はミネルヴの町を囲んだ。ベジエなどに比べればずっと小さい町である。猛攻に耐えかねて領主ギヨーム・ド・ミネルヴは開城を申し出た。

「院長アルノーははなはだ不本意であった。というのも、キリストの敵は皆殺しにしたいと熱烈に願っていたのに、修道僧でもあり司祭でもある身が、皆殺しにせよとはさすがに言いかねたからである」。結局、領主と住民は助命する、住民中の異端帰依者も「母なる教会への帰参」を望むならば助命する、と言わざるを得なかった。さらに、「この町に数え切れぬほどいた異端完徳者についても、悔悛すれば助命と言った。その根絶こそ十字軍の使命だったはずの異端者どもが、野放しにされるのを憂えたロベール・ド・モーヴォワザンが面を冒して院長に抗議し、かかることはとうてい我らの耐え得るところでないというと、院長はこう答えた。安心するがよい。悔悛する者はほとんどあるまいから」。

結果は院長の予測に近かった。「完徳者は少なくとも百四十名に達した。大いなる火を燃やして、ことごとくこれに投じた。実を言えば、手間をかけて投げ込むまでもなかった。頑迷なる邪信の者どもは進んで火中に入ったからである。わずかにブシャール・ド・マルリーの母なる貴婦人が、女を三人火刑台から引き戻して聖なる教会に帰らせたのだった」。

ベジエでのアルノー・アモーリの言説の実否はどうであれ、異端掃蕩《そうとう》の使命感と一体化した虐殺嗜好が教会や十字軍の一部にあったのは確かだと思われる。数々の逸話がそれを物語っている。

ベジエの守備兵が福音書を冒瀆した話が、カエサリウスにあった。彼はほかにも類似の話を伝えている。「枢機卿コンラッドがシトー会総会に書き送ったところによれば、トゥールーズの権力者のなかには、キリストへの憎悪を表し我らの信仰を妨げようと、キリストの敵ですら驚愕するほどの仕業をしてのける者があった。実に、その町最大の聖堂に入って祭壇の傍らで脱糞し、祭壇の白布で汚物を拭ったのだ。しかも調子づいた仲間どもは、磔刑《たっけい》像の見下ろすところで祭壇に汚物を積み上げたのだ」。カタリ派はローマ教会の秘蹟も制度も一切認めなかったから、トゥールーズの話はあり得ないことではないが、ベジエの話は眉唾である。旧約聖書ならともかく、福音書はカタリ派のもっとも神聖視する典拠だったからである。

カルカッソンヌから追放される異端者たち。ベジエに続いて、十字軍の進攻を受けた（『フランス大年代記』より）

地獄図絵

十字軍がカストルに進駐した時、火刑台に引立てられた異端者のなかに悔悛して助命を乞う者があった。「その処置をめぐり我らの間に論議が生じた。我らの命じる通りにするというのだから、処刑すべきでないという意見があった。これに対して、殺さねばならぬという意見があった。第一にこの者は異端である、第二に悔悛は死を恐れたからにすぎない、というのである。伯シモンは処刑に賛成した。真に悔悛しているならば、火中で罪を浄《きよ》めるであろうし、偽りの悔悛であるならば、正当な罰を受けることになるであろう、というのがその理由であった」（『アルビジョアの歴史』）。「すべて殺せ」の精神は、脈々と息づいていたというほかない。

ラヴォールの町が降伏した時、

カタリ派の処刑（14世紀、ピカルディー美術館、アミアン）

「ただちにエムリー以下八十人の騎士を引き出し、全員の絞首を命じた。格別の大男だったエムリーから取りかかったところ絞首台が倒れた。あまりに急いだので地面に十分打ち込んでなかったのである。遅滞を見て、伯は誰からでもよい、早く片付けろと命じた。十字軍兵士たちは跳びかかって瞬く間に全員を殺した。エムリーの姉妹で頑迷なる異端であったダーム・ド・ラヴォールは井戸に投じられた。伯はその上に石を投げ込んで埋めるように命じた。その後、この上なき喜びをもって、数限りなき異端者を焼いたのである」。

　カッセの町は十字軍の迫るのを見て開城した。「ここには多くの完徳者がいた。従軍の司教たちが町に入って悔悛を説いたが、一人も動かすことはできなかった。十字軍兵士は異端者およそ六十名を捕らえ、嬉々として焼いた」。レ・トゥーエルでは、「ほぼ全住民を剣で刺し貫いた。ただ領主ギローの父のみは助命して、フォワ伯の捕虜となっていたドゥルー・ド・コンパンと交換した」。

「サン・タントナン攻撃の口火を切ったのはまともな武器すらもたぬ貧しき十字軍兵士たち

で、伯も騎士たちも知らぬ間の出来事であった」。町民も城兵も「町の裏側から出、川を泳いで逃げようとした。十字軍兵士たちは追いすがり手の届くかぎり皆剣で刺し殺した」。「夜が明けると、我が伯は全住民に町から退去せよと命じた上で、幕僚の意見を徴した。耕作者たる住民を殺戮すれば町が無人となることを考慮に入れて、もっとも好意的な意見を採用し、住民を帰らせた。ただし、害悪の源泉たる領主は城塔の底深く幽閉した」。

モルヨン攻めでは、「町の者どもが法王特使に慈悲を願い出たので、特使は徹底的に破壊することを兵士に許した。付け加えておくが、ワルドー派の異端者が七人いた。特使の前で明白かつ全面的に過ちを認めた。十字軍兵士は彼らを捕らえ、この上なき歓びのうちに焼き殺した」。

「古くから異端の巣窟だったカッスヌイユ」を落とした時は、「押し入って火をかけ、見るかぎりの者を刺し殺した。まことに、神は讃えらるべきである。不信の者どもを我らに委ねたもうたのであるから。よしや、その全部ではなかったにしても」。

類似の記事は延々と続くのだが、これらは異端掃蕩というよりも、むしろ戦闘の一環と見た方がよいかもしれない。

異端審問への道

十字軍が軍事的にラングドックを制圧したのは国王の介入後、その仕上げが一二二九年四月のパリ和約であった。ここで南部最高の領主トゥールーズ伯は「神学の教授四名、教会法の教授二名、自由芸科の教授四名、文法の教授四名を受け入れる」むね約した。トゥールーズに大学を設立し、南部における教学の抑えとする方策である。これと同時に異端摘発の強化が約束された。異端審問発足の直接の準備であった。

それにしても、十字軍の決着に際して初めて、具体的な異端摘発策が講じられるとは奇妙な話だ。多年の戦闘は異端の勢力を破砕したのではなかったのか。実は十字軍の当面の敵は異端の幇助者《ほうじょしゃ》たる現地の領主と都市だったので、異端者そのものは、度重なる虐殺にもかかわらずさしたる被害を受けていなかったのだ。むろん、もはや公然とは活動できない。しかし、帰依者たちを巡回訪問する異端者の組織網は健在で、難攻不落のモンセギュールが彼らの聖所とも司令部ともなっている。モンセギュール陥落は、ようやく一二四四年のことであった。

ともあれ、無差別の異端狩りでなく、厳密な意味での異端審問の成立する条件はこうして整ったのだ。

第三章　異端審問創設の頃

トゥールーズ教会会議

一二二九年のパリ和約は、一方では南フランス最大かつ最高の領主たるトゥールーズ伯レモン七世と、他方では法王特使たる枢機卿ロマン・ド・サンタンジュならびにフランス王ルイ九世の間の取決めである。ルイ九世は後に聖王と呼ばれた、フランス中世史上の大きな存在だが、この時はまだ未成年で母后ブランシュ・ド・カスティーユの後見下にあった。むろんこの時異端対策だけが議せられたのではない。王家にとっては、アルビジョア十字軍後の現地領有関係の整理の方がむしろ大きな議題だった。レモン七世は公式に悔悛と和解の儀式をする。一世代前までは国王の存在などほとんど意に介さないほど独立不羈《ふき》だった南フランスの大貴族が、公衆の面前で屈辱を忍んだのだ。そして、異端の摘発と処断に努力を惜しまないむね誓ったのである。

同年十一月、枢機卿ロマン・ド・サンタンジュは、現地トゥールーズに教会会議を召集する。パリ和約の精神を徹底させ、実施の細目を確定するためであった。その決議にこうある。「されば以下の通り定める。大司教および司教は、都市と農村を問わずすべての教区において、聖職者一名ならびに評判よろしき俗人二名ないし三名あるいはそれ以上を選び、熱心、誠実、頻繁に異端者を探索することを宣誓させる。この者たちは、疑わしきあらゆる家屋、あらゆる洞窟、ならびに納屋、屋根裏、総じて我らが破却を命じるすべての場所を捜索する。異端者、あるいはその同調者、秘匿者、幇助者、保護者を発見した際には、逃亡を阻止する万全の措置を講じたる上、速やかに大司教、司教、ならびにその地の領主またはその下僚に通報して罰を受けさせねばならない」（第一条）。

「異端者の発見されたる家屋は破却される。その敷地、地所は没収される」（第六条）。

「さらに定める。自発の意志にもとづいて邪説を棄て、みずから過誤を認めてカトリックの教会に帰参する者は、同人の居住せる町に異端の疑いある場合、もとの地に居住させてはならない。何ら異端の疑いなきカトリックの町に置く。また、旧時の過誤に対する嫌悪の標識として衣服の上に、衣服の地色とは異なる色の判然たる十字を二つ、一つは左、今一つは右の胸につけさせる」（第十条）。

「自発の意志によらず、死の恐怖あるいはその他の理由から、カトリックに帰参する異端者に対しては、その地の司教は他の者たちを汚染することなきよう十分の措置を講じた上、牢獄において悔悛をなさしめる。その間の生活の費用は、司教の命じるところに従って当人の財貨のうちからその保管者によって支出され、財貨を有せざる場合には司教が支給する」

（第十一条）。

「十六歳以上の男子および十二歳以上の女子は全員、聖なるローマ・カトリック教会の前にて、いかなる名の異端であれ、異端に関与せぬことを誓約せねばならぬ。聖なるカトリック教会が保持し、かつ教える正統信仰を奉じること、力を尽くして異端者を追及すること、誠意をもって異端者の名を通報することを、宣誓せねばならぬ。そのため教区ごとにあらゆる男女の名を登録し、司教またはそのために指名されたる者の前にて、宣誓させる。宣誓に不参で、二週間を経てなお出頭せぬ者は、異端の疑いありと見做す。この誓約は年ごとに更新させる」（第十二条）。

「俗人信徒が新約、旧約の聖書の書巻を所持することを許してはならない。ただし、敬虔の念から讃歌集、福音書抜粋、ないし聖母の時禱書《じとうしょ》を所持するのはこの限りでない。その場合といえども、これらを俗語に翻訳することは厳に禁じる」（第十四条）。

　疑わしい人物には重病になっても医師の診療を受けさせてはならない、としたことは前に述べた。このほか、すべてのカトリック教徒は年に三度告解をし聖体を拝受せよという規定もある。実行しない者は異端と見做すというのだ。遺言状は司祭または評判のよい人物の立会いのもとに作成せよ、そうでなければ無効と見做す。同胞会《コンフラリア》を結成してはならぬ。その種の誓約団体《コンユラティオ》は教会の害となるおそれがある、などという項目もある。同胞会というのは多くは信心講の仲間なのだが、誓約団体、共同謀議、つまりは陰謀と同一視したのだ。

このトゥールーズ教会会議をもって異端審問制度が成立したと見ることがあるが、どうだろうか。これらの規定は十二世紀以来幾度も繰り返された決議や勅令などと基本的に同じである。特に「無辜《むこ》の者が罰せられることなきよう、また何ぴとも中傷によって異端の汚名をこうむることなきよう、次の通り定める。その地の司教、または司教によって権限を与えられたる教会の人間によって裁かれるのでない限り、何ぴとも異端者あるいは異端の帰依者として罰してはならない」(第七条)とあるように、異端事項に関する権限の司教独占をうたっていて、未だ新しい独立機関としての異端審問の創設を意図してはいない。

裁判か審問か

それでも、トゥールーズ教会会議が重要なステップだったことに変わりはない。探索と通報の組織を従来とは比較にならないほど強化したほかに、それまで罰則が「相当と判断される処罰」と概括的だったのが、明確に段階ごとの罰を規定したのだ。

それに、手続きの問題がある。粗暴極まりない事実上の「討伐」や「処分」は論外として、従来の司教による異端の裁判は告発者と被告の対抗を前提としていた。これは異端の裁判に限らない。理論上は、中世初期からの裁判一般がそうだったので、いわば今日の民事訴訟に似た手続きで争われたのだ。異端審問は違う。審問官が職権で審理に付し、つまり「審問」して、職権で判決したのだ。エメリコの『異端審問官の指針』に、「ある人物が異端審問官の前に、別のある人物を異端の廉《かど》で告発し、その立証の意志を表明し、立証に失敗した場合には有罪が証明された時に被告が受けるはずであった罰を甘受するむね、言明するのが、告発による訴訟である。これは異端審問の実際において最善の方法ではない。それどころか危険で問題が多い。しかし、告発者が固執するならば、異端審問官は聴許して告発を記録させねばならない」とあるところを見れば、異端審問の定着した後もこの手続きは、少なくとも理論上は存続していた。

ただ、告発で審理が開始された場合、当然告発者は被告と対決しなければならないし、証人も出廷しなければならなくなる。そこでエメリコはいうのだ。「告発による裁判によらざるを得ないことが明らかな場合」は別として、「異端審問官は告発者に対し、密告者の立場で満足するよう助言する。これは異端審問官が当事者の請願によってでなく、職権によって審理を進めるためであり、また告発者が過度の危険に身をさらすことのないようにするためである」。

ペーニャがつけた注釈も同趣旨だ。「反坐《タリオン》の法は実際には行なわれていない」。反坐法とは『指針』にあった通り、告発者が敗訴した場合に想定された罰を自身甘受する手続きのことである。理由は常に同じである。「失敗した告発者にこの法を適用すれば通報者は後を絶ち、その結果犯罪は罰せられぬままとなって大きな損害が生じるであろう。告発者が強硬に主張し、しかも訴訟の過程で立証の不可能なることが明白となるという極端な場合にも、告発事由に対応する罰を失敗した告発者に適用すべき理由はない、と私は考える。いずれにせよ、失敗した告発者を世俗の腕に委ねることはないであろう。なぜなら、いかなる場合にも異端者に比べれば告発者は遥かに害が少ないからである」。

トゥールーズ教会会議の決議には、特段の規定が見当らない以上、従来の手続きが当然のこととして前提されていたと思われる。ところが、この会議そのものが異端摘発の実務に着手しているので、枢機卿ロマン・ド・サンタンジュは、もと異端者のギヨーム・デュ・ソリエなる者を会議に召喚し、赦免を与えて、証言能力を回復させ、容疑者の名を多数聞き出した。この時に処罰された者のうち、幾人かは執拗に「正規の手続きによる裁判」を要求している。してみれば、告発から審問への転換は事実上すでに進行していたというほかない。

憶測を逞しくするならば、手続き面での異端審問の起源は裁判制度にあったのではないのであろう。あくまでも教会の司牧、換言すれば信者の、つまりは霊魂の管理責任の延長線上にあったのだと思われる。本質において異端審問は、厳密な意味での裁判所になり切らなかったのだ。そう考えて、異端審問の一面における厳格な手続き主義と他方における便宜主義の奇妙な混在も納得がいくような気がするのだ。

異端贔屓《びいき》

トゥールーズ教会会議は異端狩りの狼煙《のろし》をあげたが、事態は予期したようには進まなかった。問題は何よりもトゥールーズ伯レモン七世にあった。彼の態度は先代レモン六世同様、曖昧をきわめた。時折思い出したように異端を追及するけれども、基本的には異端に寛容で、陰に陽に教会の活動を妨害した。トゥールーズ司教は彼の妨害で領地からの収入が激減する。司教フルクが伯に抗議している。「十分の一税も先年には比較的容易に集めることができた。しかるに今や、卿のせいで多大の困難に直面している。私が忍耐を続けるなどと思わないでほしい。私は再びこの町を退去することも辞さないだろう。なぜなら、現下の状況は流亡の暮らしに劣るからである」。

彼につぐ勢力のフォワ伯に至ってはピレネー斜面アリエージュ渓谷に拠って独立不羈、パリ和約まで十字軍に抵抗した。その姉妹エスクラルモンドは異端の保護者として有名なばかりか、自身完徳の女だった。より下級の領主ではニオール家の三兄弟、ベルナール・オト、ギロー、レモンが名高い。母親は完徳女だったが、兄弟たちも異端者を庇護するばかりか、一二二六年、国王が現地に駐在させた奉行《セネシャル》カルヴェの殺害も彼らの仕業だった。この時、奉行はカステルノーダリー近傍のラ・ベセードの森で異端者が秘密の会合を開いていることを探り出して、急襲したのだが、目指す異端者はただ一人しか捕らえることができず、反対に自分が待ち伏せにあって落命したのだ。トゥールーズ教会会議で破門を宣言されたものの、彼らが領主たちの間につくり上げている人間関係は、宣言にあるように文字通り「異端の迎接者、幇助者、しかも帰依者」の網の目だった。

一二三三年には、ロックフォールの城主ジュルダンのもとに、近隣の騎士たちが参集して異端者ギヨーム・ヴィダルの説教を聴聞した。同じ頃、ファンジョーでも繰り返し異端の指導者ギラベール・ド・カストルを迎えて集会が催され、カラマンやラ・ベセードやローラックなどから中小の領主たちが参加している。ベリッサン家の館には、手配の触れが出ているレモン・ド・フェランとアルノー・ド・スゴンが五ヵ月間も公然と滞在し、近隣の騎士たちが訪問する有様だった。

大都市でも、有力市民の中には札付きの異端贔屓《びいき》がいた。トゥールーズのロエクス家などその代表的な例で、同家には旅の異端者たちが宿泊した。一二三〇年だけでも数回、完徳女アルノード・ド・ラモートとその同伴者が同家に滞在している。その頃、これはワルドー派の異端者だが、ヴィグルー・ド・バコーヌなどはトゥールーズで説教しているほか、モワサックでもモンキュックでもモントーバンでもグールドンでも彼の姿は見られた。要するに、異端は多少の危険はつきまとったものの、ほとんど自由に往来していたのだ。大体、南の山岳部にモンセギュールの牙城が未だ健在だったばかりか、北の黒い山《モンターニュ・ノワール》地域の防備村落カバレにも、異端の要塞が難攻不落を誇っていたのだ。「この地に平和が甦《よみがえ》るものと考えられたのであるが、実は前にもまして異端者とその追随者どもは力を振るい、あらゆる奸計を弄して正統信者に立ち向かった。かくて、先に戦禍が猛威を逞しくした頃にもまさる害をなし、説教会士も正統信者もこれを見ては慨嘆せざるを得なかった」（ギヨーム・ペリッソン)。

トゥールーズのドミニコ会士

このなかで、ほとんど孤立無援、しかも戦闘を放棄しなかったのが説教会士、つまりドミニコ会士たちだった。聖ドミニコの死(一二二一年)の頃、約六十の僧院《クーヴァン》ができていたらしい。パリでの拠点がサン・ジャック僧院で、そのためパリのドミニコ会士たちはジャコバンと呼ばれるようになった。その十六年後、つまり彼の直弟子ジュルダン・ド・サクスが死んだ頃(一二三七年)には、東欧や聖地まで含めて約三百に達していたという。

僧院といっても、従前の壮大な修道院とは様子が違う。町中の民家を買い取り、あるいは寄進されて、寝食の場所としたので粗末なのが実態だったらしい。俗塵《ぞくじん》から隔離された別天地で観想の生活を送るかつての修道生活と違って、異端の嵐に揺れ動く俗世間そのものが彼らの修道の場所だったのだから、それで十分だったのだ。彼らは町々を経巡り、教会であれ、広場であれ、市場であれ、およそ人の集まるところならどこででも教えを説いた。彼らの場合、説教と異端追及は一体で、僧院の一つ一つが、そのための前進基地だったのだ。

トゥールーズでは、司教フルクの配慮でサン・ロマン教会に起居して、これを最初の足がかりとした。手狭になったので、ポンス・ド・カップドニエという市民が買い取って寄進した、ジャルダン・デ・ガリーグなる菜園に引き移った。「菜園は一方の側では旧市《シテ》に、他方は新町《ブール》に面していた」。

トゥールーズはローマ時代から続く旧市と、中世になってサン・セルナン僧院の門前町として発達した新町からなる双子の都市で、司教座の大聖堂サン・テティエンヌはもちろん旧市内にある。二つの街区の接合部、しかもドーラード僧院の近くだったというから、ガロンヌの河岸、むしろ河川敷だったのであろう。「会士たちはここに小さくて慎ましい建物を建てた。地所も狭く資金もなかった。実際、長い間会士たちは衣食ともに貧しい暮らしに甘んじていた。キリストの御名と信仰の宣布のために敢えてそうしたのである」（ギヨーム・ペリッソン）。一二三〇年のことだった。建築工事はたびたび群衆の妨害を受けたという。異端側が新たな敵の砦と感じたとしても、不思議はなかった。

狂熱の独走

「ある日、会士の一人が説教していた。今なお市内に異端が残っていて、集会を催し邪説を広げていることを指摘したのである。これを聞いて人々は動揺した。執政《コンシュル》たちは院長を役所に呼び出し、このような説教は許されて居らぬ、異端など一人も居らぬのに市内が異端だらけだなどと言うならば身のためになるまい、このことは会士一同に伝えよ、と厳命した。さればこそ、一段と闘わねばならぬ」（ギヨーム・ペリッソン）。これを聞いて、会士ロランは言った。ほかにもさまざまの脅しをかけたのである。

その頃、「サン・セルナンの参事会員だったジャン・ピエール・ピナが」死に、僧服をつけて同寺の回廊《クロワートル》に埋葬されたが、生前ひそかにカタリ派に入信していたことが発覚した。「同僚の知らぬうちに異端となっていたのである。会士ロランはその他の会士や聖職者とともに急行すると、墓をあばいて死骸を掘り出し、火中に投じて焼き尽くした」。正確にいえば同人は参事会員ではない。多額の寄進をして参事会員なみに特権的な墓地に埋葬されたのである。

同じ頃、ガルヴァンヌという異端者が死んだ。「これが会士ロランに気づかれぬはずもなかった。彼は人々を呼び集めて説教し、異端者が死んだ家を土台から打ち壊して糞尿の棄て場とした。墓地を掘り返して死骸を取出すと、盛大な行列を仕立てて市中を引き回した上、市外の公有地で焼き棄てた」(同右)。

この会士は北イタリアのクレモナの出身で、ロラン・ド・クレモーヌと呼ばれた人物である。ボローニャで法学を学んでいた時、ドミニコの弟子レジナルドの説教に感動して会士となった。パリに派遣されて神学を学んだ後、新設のトゥールーズ大学に招かれて神学を講じていたのだが、講義よりも街頭での説教、むしろ扇動に熱心だった。しばしば物議を醸した末に故郷へ帰ったが、そちらでも常に事件の渦中にいた。異端審問官としてピアチェンツァに派遣された時には、激烈な言動が反発を招いて襲撃され、同僚は落命し彼自身は重傷を負った。激怒した法王グレゴリウス九世は、事件の黒幕、独裁官《ポデスタ》ランテルモを見付け次第捕縛し、上半身裸で頸に縄をかけた姿で市中を引き回した上でロランの法廷に送付せよ、と命令している。この時期のドミニコ会士の、戦闘的な、むしろ狂熱的な異端追及者の一典型といえるだろう。

ところで、会士たちの活動は、説教と死者に対する加罰だから異端審問そのものとはいえないだろうし、フルクの後任トゥールーズ司教はドミニコ会出身のレモン・ド・ミルモンだったから了解があったのは明らかだが、どう見ても熱意のおもむくところドミニコ会士たちは独走している。

コンラート・フォン・マールブルク

同様の事情は、むしろさらにははなはだしい事情は、ほかの国にも見られた。ドイツの一部で恐怖の的となったコンラート・ドルソーなども、実質的にはほとんど教会の外側で活動している。ドミニコ会士だったというが、もと異端者だったという噂もある。誰からも特に任命されることなしに異端狩りに辣腕《らつわん》を振るい、津々浦々を巡回しては火刑台に煙をあげたのである。「資格もなければ情け容赦もない裁判官」と、『ウォルムス年代記』は記している。彼はヨハンという隻眼隻腕の男を常に帯同していたが、この男は一睨《ひとにら》みで異端かどうかを見分けると豪語していた。

しかも、この二人に今一人、同名で紛らわしいがコンラート・フォン・マールブルクという人物がかかわってくる。普通の聖職者で、ドミニコ会ともフランチェスコ会とも関係はない。マインツ司教座の学監だった記録があるが、むしろ位階とは無関係に苦行者、雄弁な扇動家として知られていた。一二一四年には十字軍を勧説して効果をあげ、それ以後教会と国家の最上層部と関係ができた。肉体の苦痛のなかに信仰の充実を感じるタイプだったらしく、他人に対しても決して容赦しなかった。

彼に師事したのが宮中伯ルートヴィッヒ・フォン・テューリンゲンの若き寡婦エリザベート、十三歳で嫁し、二十二歳で夫を失い、亡夫の兄弟たちに城を追われた後は資産を施与して托鉢と救癩《きゅうらい》に献身し、早くも一二三一年に二十四歳で世を去った薄幸の妃だった。そのコンラートへの傾倒と服従はスキャンダルとなるほど盲目的だった。ある時、説教に遅参した妃と侍女に対し、コンラートは衣服をむしり取って散々に鞭打ったという。彼の奔走でエリザベートは死後に列聖され、彼女のためにマールブルクにエリザベート教会が建立された。今なお同寺にはコンラートの墓もあるということだ。

一二二七年、このコンラート・フォン・マールブルクに対し、法王グレゴリウス九世は書簡をもって説教活動を評価し、自由に補佐者を選任することを許し、重ねて一二三一年にも賞賛の言葉を贈った。公式には何一つ資格を付与するものでないが、事実上異端追及の全権を委ねたに等しい。ここで前記コンラート・ドルソーとヨハンが彼の傘下に入り、いわゆる三人組が恐慌を広げたのだ。コンラート・フォン・マールブルクは「主の麦畑の毒麦を」抜き去る使命感に燃えていたし、コンラート・ドルソーは「もし一人の異端者が含まれているならば、無実の者百人を焼こう」と公言したという。

「この三人はあまたの貴族、騎士、市民を焼き殺させ、あるいは頭を剃らせた」。「驚くべきことだが、かなりの数のドミニコ会士とフランチェスコ会士が公然と彼らに加担した。法王の正式の任命もない彼らから指示を受けて服従し、彼らとともに異端者を焼いたのである」(『ウォルムス年代記』)。頭を剃らせたというのは、胸に悔悛の十字をつけさせる方法が当時この地方に知られていなかったので、彼らが新案を考え出したのだ。処刑の規模にはフランスの年代記作者も驚きの声を上げている。「ドイツ全土にわたり、数え切れぬほどの焚刑《ふんけい》が行なわれた」、「かくて兄弟は兄弟を、妻は夫を、主人は召使を密告した。頭を剃られた者に金品を贈って逃れる方法の伝授を乞う者もあった。未曾有《みぞう》の混乱が生じた」(『アルベリック・ド・トロワフォンテーヌ年代記』)。

一度恐慌状態を作り出せば摘発は簡単である。特定の町や村に乗り込んで疑わしい者を知っているぞと布告すれば、恐怖に駆られて出頭する。それを断罪したのだ。住民の多くは疑いを招く恐れから、通報し、また処刑を支持した。中には恐怖感と背中合わせになりながらも便乗して私怨を晴らす者もいたらしい。ビンゲンのある若い女は一族と折合いが悪かった。そこで虚偽の申し立てをする。自分は異端に関係があり夫はすでに処刑された。自分も罰を覚悟している。これが関係者の名だ。そこでコンラートは、当人をも含めてその一族全員を火刑にした。

「ドイツの教会と君主はコンラート師のやり方を憎悪した」（『エルフルト年代記』）というのに野放しになったのは、法王がドイツの教会や君主に対して異端対策に関する公会議決議や勅令を絶えず指摘して、一つの政治状況をつくりだしていたからである。

三人組の悪夢

三人組が主要な標的とした異端は、いわゆるルキフェル派（悪魔派）だった。同派の祭儀の「実態」はコンラート・フォン・マールブルクの法王あて報告に詳しい。

集会には蟇《がま》が出現する。新入者がその尻に接吻すると、口に何かが残る。鵞鳥《がちょう》や家鴨《あひる》の姿で出現する場合もあり、竈《かまど》のように巨大な場合もある。次に異様に蒼白な人物が出現する。目はあくまで黒く、骨と皮ばかりに痩《や》せている。新入者は接吻してその冷たさに慄然《りつぜん》とするが、この時教会の教えはことごとく心の中から消え失せる。饗宴の最中、安置した偶像の上から巨大な黒猫が尾を引きずりながら降りて来る。まず新入者、次に集会の首座の者、最後に列席者全員が黒猫の尻に接吻する。全員席にもどって歌う。首座が次席に向かって「この教えは何か」と問う。次席が「至上の平安。我らの従うべきところ」と応じる。そこで灯火を消して無差別に交接する。再び蠟燭に点火して全員着座すると、漆黒の片隅から奇怪な人物が現れる。上半身は太陽のごとく輝き、下半身は猫のごとく黒い。首座が新入者の衣服の一片を捧げていう。「主よ、我に委ねられたる者を汝に捧げる」。その人物は「汝の奉仕に欠けたるところはない。さらに仕えよ。我に捧げたる者は汝に委ねる」と答えて消える。

この派の者どもは毎年復活祭に聖体を拝受し、口に含んで持ち帰り、救世主に対する侮蔑を表明するため糞溜めに吐き出す習いである。彼らの説くところによれば、悪魔こそ造物主で、最後には神に勝利するであろう。至上の戒律は神の禁じることの実行である……。

北ドイツ、ウェーゼル河流域の農村地帯に教会に対する根強い反抗が続いていたのは事実で、それに噂を安易に結合したものらしい。しかし、それはブレーメン大司教が十分の一税を強化したのを不当とする動きだったので、異端、いわんや「ルキフェル派」とは無関係だった。この種の怪しげな流言が古代から執拗に存続していたことは、前にも見た。しかし所詮は妄想に立脚して人間狩りを繰り広げたのだし、法王グレゴリウス九世もこの報告を信じて、かつは怒り、かつは憂えたのだ。

一二三三年、コンラート・フォン・マールブルクがザイン伯以下の有力貴族に狙いを定めた時に、転回が生じた。だいたい、その頃になるとドイツ教会のなかには、異端追及の大義名分はそれとして、司教の統制外に異端追及が伸展するのを喜ばない空気が固まりつつあった。同年七月、ザイン伯はマインツの会議に出頭して抗弁した。コンラートは証人を申請したが、立証に失敗した。「伯は告発されていない者、良きカトリック信者としてこの会議場より退出できる」とトリエル大司教が宣言した。コンラートは持ち前の衝動的な気質から、唐突に隠遁を表明した。王が護衛兵をつけようというのを謝絶して、帰途についたが、マールブルクの近くで騎士たちの一隊に襲撃されて落命した。襲撃者たちは異端の罪があるならば教会に、殺人の罪があるならば世俗の法廷に従うと公言した。すでに状況は一変していたのだ。

今一人のコンラートは法王庁に出頭して、師の殉難を告げた。この時ローマには異端追及の行き過ぎを訴えるマインツ会議の使者が到着していた。法王は故人の徳をたたえ下手人の処罰を要求したが、ドイツの教会も君主も冷淡な反応しか示さなかった。コンラート・ドルソーはドイツに帰って異端狩りを再開するが、ストラスブールの近くで暗殺された。その助手「隻眼の」ヨハンは潜伏中をフライブルクで発見されて絞首された。

こうして異端狩りの嵐は過ぎ去ったのだが、印象は強烈だった。後世のヴィジョン譚に、地獄に堕ちたコンラートを見たという話があるという。長く、悪夢が残ったのだ。

ところで、無資格の者、誰からも授権されていない聖職者が異端狩りの全権を握ったのは、考えてみれば不思議なことだ。法理的には、三人組は異端審問官でも通常の裁判官でもない。ただ、司教あるいは世俗の法廷に対する告発者として行動した、ということになるのだろう。しかしこれは、あくまでも後からの理論的な整理にすぎない。当時、一方では決議や勅令があいついで出されて、教会法でも世俗法でも異端対策の法体系は整備の緒についていたのだけれども、最前線の当事者はむろんのこと、法王にとっても異端の根絶だけが焦眉の急で、法や手続きは眼中になかった。といって言い過ぎなら、法や手続きは何とでもなるただの手段にすぎなかった。それが実情だったのではないだろうか。

グレゴリウス九世の勅令

一二三三年、グレゴリウス九世は二つの勅令を発した。一つはすべての司教あてで、「卿らの日頃の重荷の一端を他にわかつのを適当と考え、説教者の兄弟たちをして異端者に対抗せしむべくフランスならびにその隣接諸国へ派遣することに決した。されば卿らに懇願し、勧告し、指示する。彼らを受け入れて懇切に遇し、好意と助言を与え、もって彼らをして任務を完遂せしむるように」とあった。今一つは当のドミニコ会あてで「いずこの地においてであれ、聖職者が異端の庇護を止めない場合には、その職を永久に剝奪し、彼らならびにその他の者を訴追する権限を汝らに与える。この場合、上級者の承認を得る必要はない。その際、必要であれば世俗の腕の支援を求め、また妨害を排除せよ。この場合にも上級者の承認を得る必要はない」とあった。

これが一般に狭義の異端審問制度を設立したとされる法王勅令である。実はどこにも新制度設立の意図らしいものは表れていないので、発令者の主観では当面の弥縫《びほう》策以上のものではなかったと思われるのだが、その影響は重大だった。結果的には、従来の司教の裁判権の外側に、法王直属のドミニコ会士の異端裁判権を置くことになったからである。

その論理的な帰結は、例えばエメリコの「審問官を解任できるのは法王、および法王権によって行動する場合の僧団総長あるいは僧団管区長である」、「審問官は法王に対してのみ報告の義務を有する。審問官が職務において違反を犯した場合にも、その訴えを受理できるのは総長でも管区長でもなく、法王のみである」、「法王特使も審問官を破門することはできない」、「法王も次の条件を満たさぬ限り審問官を破門できない。すなわち、審問官が追及すべきものを追及しない場合。金銭を強要した場合。教会に属する財貨を審問の会計に書き入れた場合」、「全権をもって免属の修道僧ならびに聖職者を審理することができる。ただし、法王を審理することはできない。同じく法王特使についても同様である。ただし、法王特使に信仰上の罪があれば法王に訴えることができる。司教についても同様である」等々として定式化される。これに対するペーニャの注釈は「今では司教をも審理できるようになった」と「我らの輝かしい特権」を語っている。グレゴリウス九世はおそらく想像もしていなかっただろうが、この時万能の法廷が用意されたのだ。

当面の問題に即していえば、これはまさに効果的な方策だった。司教の異端問題に関する態度には個人差があるだけではない。司教は地域の政治力学の網の目に組み込まれているのが普通だから、自由な活動ができない。その点、何物にも束縛されず、しかも熱意に燃えているドミニコ会士に活動の場所を与えたからである。ここで司教の権限が廃止されたわけではないし、それどころか修道僧の異端審問官には司教の意見を参酌するよう絶えず訓令が出されるのだが、司教と異端審問官の関係ははなはだ微妙なことになった。独自に異端審問の実績をあげたパミエ司教ジャック・フルニエのような例もあるし、審問官に協力を惜しまない司教も少なくなかったが、しかし多くの場合司教は既存の権限の侵害と受け取った。以後、司教、つまり正規の教会制度と異端審問官の摩擦は決して小さな問題ではない。

ロベール・ル・ブーグル

グレゴリウス九世は、一二三三年四月、異端による北フランスの荒廃を憂えてロベール・ル・ブーグルなど三名のドミニコ会士からなる審問官を、異端の中心と目されたラ・シャリテ・シュル・ロワールへ送り込んだ。ロベールにはもとカタリ派の異端者だった前歴がある。ブーグルとはブルガリア人の意味だが、当時はカタリ派の別名でもある。彼の苛烈な異端処刑は前述したコンラート三人組と並び称されるが、正式に任命された異端審問官である点が三人組とは違っている。ロベールはさっそくサンス大司教と問題を起こした。彼の派遣を追いかけるように法王は大司教との協調を命じる訓令を送ったし、さらに短時日でサンス大司教管区からいったん彼らを引き揚げざるを得なかった。

一二三五年八月、法王はあらためてロベールを南部を除く全フランス王国の異端審問官に指名した。この時、サンスおよびランスの大司教あてに協力を要請し、ロベールの行き過ぎはすでに矯正したと書き送っている。ロベールの活動は広範囲にわたるが、特にフランドルとシャンパーニュ地方が主な舞台だったらしく、当時の諸年代記は大量の火刑、投獄、それに生き埋めを語っている。生き埋めは彼の発案だったらしい。

一二三九年には、異端の巣窟と噂されたモンヴィメの村で希代の大量処刑を敢行した。犠牲者数には史料によって出入があるが、同じくドミニコ会士で後に審問官となったエティエンヌ・ド・ブルボンの『逸事集』には、「私自身その場にいたが、あまたのマニ派の異端者、およそ百八十名が捕らえられ、断罪されて、焼き殺された」とある。一村壊滅を免れない数字である。もっとも、広く北フランスとオランダから聖俗の要人が立会っているので、諸地方で捕縛した異端者をここに集めて処刑したのではないかという解釈もある。

しかし、彼の失脚は審問の苛烈さによるというより、手続き上の問題、つまり司教たちとの軋轢《あつれき》によると見た方が適切だろう。彼は司教が二度にわたって赦免したピエール・ヴォグランなる者を、しかも同人がローマへ直訴したかどで断罪した。また、ペトロニールおよびその婿ランドリーなる者は、教会法の定めるところにより、つまり司教の裁定で異端の嫌疑なしとされたにもかかわらず、彼によって投獄された。この種の逸脱はほかにも多かったらしい。

法王も司教たちの非難を無視できず、結局ロベールを解任し、査問に付した。現地で行なわれた査問の結果は彼自身の審問と同様に厳しく、ロベールは終身投獄の憂き目を見た。そしてトゥールの教会会議に参集した司教たちは、あくまでもラテラノ公会議の決議に沿って司教による異端追及を推進する意志を表明した。

「袋に詰めてタルンに投げ込め」

この例は異端審問が決して順調に発足したのでないことを物語っているが、異端と弾圧の本舞台たる南フランスではどうだったただろうか。

この地方の司教たちはアルビジョア十字軍の過程で交替し、シトー会士、その次にはドミニコ会士から選任されたものが多いから、概して異端審問官との軋轢は少ない。ただ、「異端者を捕らえてもどうすれば自白させることができるか知らない」場合があって、勢力と技術ではとうていドミニコ会士の異端審問に及ばなかった。この地方での問題は何といっても「世俗の腕」の非協力にあった。

法王はドミニコ会士からピエール・セラとギヨーム・アルノーを異端審問官に指名した。少し遅れてアルノー・カタラがこれに加わる。いずれもトゥールーズの僧院《クーヴァン》を拠点に、そこから市内市外に出て職務にあたったのである。正式に任命された審問官ではないが、トゥールーズ僧院の院長《プリウール》ポンス・ド・サンジルや、僧団出身の司教レモン・ド・フォーガ、それに年代記を残したギヨーム・ペリッソン、さらにはフランチェスコ会士フランソワ・フェリエなどが、協力者というにとどまらない働きをした。そしてロマン・ド・サンタンジュの後を受けてトゥルネー司教ゴーティエが、その次にはヴィエンヌ大司教ジャン・ド・ベルナンが、いずれも法王特使の資格でしばしば地方の教会会議を召集し、南フランス全体の異端対策を統括した。

アルノー・カタラの担当はアルビだった。トゥールーズの北、タルン河に臨む美しい町である。「彼は最善を尽くして説き、異端審問を実行した。しかし異端者どもはさしあたり何もいわず、ひたすら無視することを申し合わせていた。彼が生きながら断罪できた異端者は二人だけだった。彼はすでに死亡している者たちをも断罪し、墓から掘り起こして焼き棄てさせたために、アルビの市民が騒ぎ立て、彼を捕らえてタルン河に投げ込もうとした。辛うじて逃れることができたが、散々に殴打され、衣服は引き裂かれ、顔は血塗《ちまみ》れになっていた。暴徒に引きずられて行く間も彼は叫び続けていた。主イエス・キリストは讃うべきかな！」辛うじて暴徒の手を逃れてサント・セシール大聖堂に帰ったが、「群衆は街路にあふれ、一部は大聖堂に入り込んで叫び声をあげた。裏切り者を殺せ。何故奴の首を切らないのだ。袋に詰めてタルンに投げ込め。二百人、あるいは三百人、全部がこの意見だった。確かではないが、町中が同じ叫びをあげていた」（ギヨーム・ペリッソン）。

これより少し前にコルドに派遣された会士二名は、住民の暴動に直面して実際に殺害されている。コルドはアルビの近く、屹立《きつりつ》する岩山にしがみつく小さな山上都市である。

ピエール・セラとギヨーム・アルノーは、「カオールで審問を実施し、すでに死亡せる異端者若干名を断罪した。市中を引き回した上で焼かせたのである。故アンベール・ド・カステルノーをも断罪したが、息子が墓地から死骸を盗みだして隠したので、どうしても発見できなかった」。モワサックでは「生きているジャン・ド・ラ・ガルドを断罪したが、同人はモンセギュールへ逃れて異端完徳者となり、後に同類二百十名とともに焼き殺された。フルケを召喚したところ、恐怖のあまりベルペルシュ僧院で修道僧となった。それでも追及を止まなかったところ、ロンバルディアへ逃亡したので、不出頭のゆえをもって異端として断罪した」(同右)。

嘘を吐くから正統だ

南フランス最大の都市トゥールーズの動静は影響の点で重要である。院長《プリウール》ポンス・ド・サンジルが、「クロワ・バラニョン街の職人アルノー・サンセールなる者を審理し、同人に対する多くの宣誓証言を得た。しかるに本人はことごとく否認した。院長は経験豊かな人々の意見を傾聴した上、伯の代官《ヴィギエ》以下信仰正しき人々あまた列席のもとに、同人を異端として断罪した。事実、異端のなかでも大物だったのである。彼が否認を続けたので、役人デュランが火刑場へ引立てたが、アルノーは連行の途中、町中で喚《わめ》いた。見てくれ。俺に対しても町に対しても、どんなに不正が行なわれているか。俺は善良なキリスト教徒だ。ローマの信仰を信じているのだ。その他類似の言い逃れを繰り返した。大勢の者が騒ぎ立てたが、火刑を強行すると連中は怯えて、町は静まった」(ギヨーム・ペリッソン)。

市外住民《バンリュー》で織布工のジャンなる者が召喚された。彼は有力者の間に知人が多かったが、人々に向かって言った。「皆の衆、聞いて下され。私は異端とは違う。私には妻がある。妻と寝るし、子供もある。肉も食えば、嘘も吐くし、誓いも立てる。だから私は正統信者だ。神を信じる私が悪しざまに言われるのを、放置するおつもりか。連中はお前さまがたにも同じことを仕掛けますぞ。気をつけられたがよい。この悪人どもは、町もまっとうな住民も破滅させるつもりだ」。嘘を吐くから正統信者だとは奇妙な弁明に見えるが、カタリ派の戒律を前提にすれば理解できる。火刑場へ連行する途中で妨害が入って執行できなかった。「町中が会士に対して騒ぎ立て、さまざまの悪罵を浴びせた。群衆は石を投げて僧院を壊した。名誉もあり既婚者でもある市民を不当に断罪したというのである」(同右)。

死骸の断罪

この段階の南フランスで目立つのは、死骸の発掘焼却とそれが住民に与えた衝撃である。いったい、死者に対する裁判が意味をなすのか。単なる凌辱ではないのか。エメリコの段階になれば、「生前または死後に異端者であることが通報された死者に対して審理することができるか。明らかに然《しか》り」と、「裁判」として位置づけられている。さらにペーニャの段階になればその理論も整備されている。「世俗法においては、普通罪人の死をもって罪の追及の可能性は終わるが、この原則は大逆罪《レーズ・マジェステ》には通用しない。そして異端の存するところ、大逆罪が存する」。

ただ、厄介な問題がある。召喚状を発しても死者は出頭しない。「だから、死者何某の裁判というより、何某の記憶に対する断罪といった方がよいのではないか。世俗法ではまさにその通りである。しかし、聖なる事由にかかわる大逆罪が問題となる場合には、明らかに否である」。つまり、死者そのものを裁くのだ。そこで、「死後裁判においては慣行に従って死者の肖像を用いる。死者を断罪する場合には、その肖像を世俗の腕に渡して焼かせる」。

異端者の家屋は破壊し財産は没収するから、故人である父母や祖父母が異端と断罪されれば相続人の財産権に問題が生じる。悪用すれば、私怨のある相手の先祖を密告して破滅させることも不可能ではないので、裁判であるか凌辱であるかはかなりの問題を含んでいるのだ。「断罪であれ赦免であれ、死者に対する審理は速やかに終結すべきである。裁判が遅滞すれば、相続人は財産を処置できず、特に女子は結婚相手を見つけることができない」(『異端審問官の指針・注解』)。

ただ、今見ている段階ではこの種の法理がどれだけ形成されていたか定かではない。というのも必ずしも審理の上での処置とは限っていないからである。むしろ、祝福された墓地に埋葬するのを許さないという気持ち、そして人心に衝撃を与える目的が先行していたのではないかと思われる。さらに、その根底には「死者もまた社会の重要な成員であった」(G・デュビー)という無意識の前提があったかもしれない。

審問官ギヨーム・アルノーは「トゥールーズ市内の墓地をあばいて死骸を掘り起こし、街々にラッパを吹き鳴らしてその名を報せ、キ・アイタル・ファーラ、アイタル・ペリーラ（かくなす者は、かく滅ぶぞ）と触れて、骨や残骸を引き回し、城外の牧場で神とその御母なる聖処女ならびにその忠実なる僕《しもべ》ドミニコの栄光のために焼き棄てた」（ギヨーム・ペリッソン）。

執政対ドミニコ会

一二三五年、トゥールーズ市内の情勢が不穏となる。これ以後の一連の事件は、身をもって体験したギヨーム・ペリッソンの記事に詳しい。この年は密告が多く、従って断罪も多かったのだ。「審問に手が足りぬ有様で、小兄弟団の会士や町の司祭たちに手伝いを求めた」。鍋職人のアルノー・ドミニクなる者を捕らえて、「知っている名前を全部いわなければ死刑にすると脅したところ、震えあがって異端者たちの名を告げた」のが端緒だった。「審問官全員がトゥールーズに集まり、人々に自首を呼びかけた。慈悲の期限を定め、十分に過誤を自白するならば投獄も追放も没収もしないと確約した」。当の鍋職人は「放免されたが、まもなく異端の一味のために夜間寝床で殺された」。

審問官ギヨーム・アルノーは一挙に有力市民十二名の召喚を強行しようとした。その中には市の執政《コンシュル》をつとめたことのある錚々《そうそう》たる名士が五名も含まれていた。現執政府は伯の了解のもとに、審問官ギヨーム・アルノーの審問停止と市外退去を要求した。市中は執政たちに扇動され、半蜂起状態となって僧院に押しかける。「同会士の体に手をかけて僧院から連れ出し、市外へと追い立てたのである。我らは僧院をあげて行列を組み、ドーラードの橋の袂《たもと》まで送って行った」。ギヨーム・アルノーはカルカッソンヌに退去して、そこから市内の審問続行を指図した。

怒ったのは執政たちで、「今後再び我らを召喚しようとする者があれば即刻死刑に処する、何であれドミニコ会士たちに物を売りあるいは貸す者、または便宜を提供する者は身体と財産において罰を受けるむねの禁令を、ラッパを鳴らして町中に布告させた。トゥールーズ司教に対してもサン・セルナンの参事会に対しても同様の布告を出した」。司教は糧道を断たれて市外に退去した。

「我ら会士には友人と信者からの差し入れがあった。彼らは危険を冒して庭の塀越しに、あるいはできる限りの方法でパンやチーズや卵を届けてくれたのである。これに気づいた執政たちは門と庭に見張りを立てたので、我らはガロンヌの水を汲むこともできなくなった。手に入る水では野菜を煮ることもできなくなった」。「神の恩寵により、我らはこうして三週間踏みとどまった」。

ドミニコ会の追放

その間にもギヨーム・アルノーからの指令が来る。自分はトゥールーズに入れないから、カルカッソンヌで裁判する、そのために四人の会士で召喚してくれ、というのだった。「院長は鐘を鳴らして会士を集め、喜色満面で言った。兄弟たち、喜ぶがよい。ほかでもない。お前たちのうち四人を殉教によって天なる主の宮居へ送らねばならぬからだ。それが異端審問官、信仰の擁護者、会士ギヨームから受けた命令なのだ。この仮借ない召喚を実行する者は即座に殺されると考えてよい。それは執政たちが断言し、先に召喚された者どもも公言しているところだ。そこで、お前たちに主イエスの信仰のために喜んで死ぬ気があるかどうか、それが知りたい。その覚悟のある者たちは今すぐ告解をしてもらいたい」。

全員が志願したが、結局四人選ばれた。そのなかには年代記作者ギヨーム・ペリッソン自身も入っていた。「四人は恐れることなくただちに実行に移った。相手を街頭に探すだけでは飽き足らず、相手の家や寝室にまで踏み込んだ」。モーランの家へ行った時には、「息子たちが駆けつけ、腕力を振るって彼らを叩き出し、ありとあらゆる侮辱を加え、馬で引っ張り、押さえつけ、打ちのめし、最後には剣で切ろうとしたが、居合わせた者が制止した」。殺されはしなかったものの、ただで済まないのは目に見えている。執政たちはドミニコ会士全員の追放に踏み切った。「奴らは殺すより追い出したほうがよい」。

僧院の方では、聖杯や書物などを友人たちに預けて、乱入に備える。「翌日、万聖節の火曜日、常のごときミサの後、落着いて品位ある振舞いをせよ、強制されぬ限り退去してはならぬと、院長は会士たちを励ました」。「会士は総数およそ四十名だったが、食事をしていると群衆を従えた執政たちが押しかけて来た」。

執政以下は門を破って入り、院長と押問答になる。「院長は十字架とその下に安置してあった聖遺物箱を取りあげ、十字架を手にしたまま回廊に座った。彼とともに全員が座って執政とその一味に対峙した」。その彼を寄ってたかって担ぎあげ、門の外へ放り出した。会士たちも同様に扱った。門では会士ローランが地面に横たわって抵抗したが、「頭と足を持って門外へ担ぎ出した」。その後も会士たちを小突きまわしながら市外へ追い出したのだ。「院長以下、会士全員追われながらも声を張り上げて使徒信経を唱し、次に感謝の讃歌《テ・デウム》を歌い、ドーラードの聖母教会の前にさしかかる頃は聖母讃歌《サルヴェ・レギーナ》を歌ったのであった」。

結局、手取り足取り市外、ガロンヌ河の川原に叩き出された。対岸のサン・テティエンヌ街《ブール》に踏みとどまろうとしたが、「執政の布令が出ていた上に、密偵が配置されていたので、会士たちの便宜を図る者がいなかった」。院長は近隣のいくつかの僧院に会士たちを分散収容させる。審問官ギヨーム・アルノーは、カルカッソンヌから、執政たちに破門の宣告を発した。

一触即発の危機

流血に至らなかったから、比較的ささいな事件のようにも見える。直接市民を刺激したのは、度重なる死骸の発掘と有力市民に手を付けたことだが、南フランス全体として見れば、同じ頃近くのカルカッソンヌで行なわれていたニオール一門の審問が、情勢の険悪化に拍車をかけている。これには国王役人の間にも意見の対立があった。「戦争の再開が危惧された」からである。同じ年にはナルボンヌでも騒擾《そうじょう》が生じている。実はトゥールーズの会士追放事件は、一触即発の危機の頂点に当っていたのだ。情勢の核心は審問官ギヨーム・アルノーの激烈な活動だった。

事件の背後には、当然トゥールーズ伯の動向がある。伯レモン七世は、「自分の都合ばかり考えて取るに足りぬ理由を並べ立て、異端審問の停止を要求した。会士たちが拒絶すると、法王特使に訴え審問官ピエール・セラは伯に対する私怨から行動しているとまで言ったのである」。むろん、これはドミニコ会側の言い分である。騒動の前年、伯の法王あて陳情の書簡は、証人を密室で取調べる、証人の名も証言内容も公開しない、被告には弁護人を認めず弁明の機会も与えない、策略や恐怖感でもって名望ある人士を陥れる、個人的な敵を異端として扱う等々、こと細かに審問官の越権、法手続きの蹂躙《じゅうりん》を述べた上で、「会士たちは一国を攪乱《かくらん》している。越権によって住民を諸僧院や聖職者に対する反抗へと駆り立てている」現状に鑑《かんが》み、即刻異端審問の停止を要求した。

グレゴリウス九世の対応はギヨーム・ド・ピュイローランスの年代記が簡潔にまとめている。「事態は最悪の方向に転じ、住民は司教と審問官を市外に退去せしめた。説教僧団の僧院のほぼ全員が追放された。聖堂の参事会員たちとその召使たちが受けた非違については、この町への配慮から敢えて語るまい。心底は善良なるにもかかわらず、この時は全住民がかかわったからである。そこでトゥルネー司教は特使を更迭《こうてつ》され、ヴィエンヌ大司教たる敬うべきジャンがこれに代わり、事実の調査を法王から命じられた」。

「特使は異端審問を容易ならしむるために多くの措置を講じ、慈悲の期限内に自他について知るところを供述して、過ちを重ねぬむね誓う者は一身についても財産についても恐れる必要はない、耐え得る贖罪《しょくざい》を科せられるにとどまると布告した。説教会士たちは過度に峻烈であるとの危惧があったので、フランチェスコ会士たちを配した。その寛大さによって説教会士の審問を和らげるものと思われたからである。さらに温情をもって、異端審問官の方から管区内を巡行して聴取し、住居から遠隔地への召喚に苦しむことなからしめた」。

フランチェスコ会はプロヴァンス、ドミニコ会はラングドックと、正式に分担地区が決められるのは一二九〇年だが、ここでフランチェスコ会が異端審問に参加した。ドミニコ会側の反応はこうである。「異端審問官ギヨーム・アルノーは補佐者として小兄弟団のジャン・ド・ノトワールを迎えた。しかし、同会士は他の仕事に繁忙だったので、代わりにエティエンヌ・ド・サンティベリを指名した。謙虚で温順な人物であった。二人は心を一つにして、殉教の日まで異端審問に当った」（ギヨーム・ペリッソン）。

ドミニコ会もフランチェスコ会もともに時代を代表する托鉢僧団だが、気質は明らかに違う。フランチェスコ会は内部の対立に揺れ動き、中から異端を出すという事情もあった。以後両教団が異端審問を担当したが、主導権は依然ドミニコ会にある。

法王は異端審問抑制の姿勢を示す一方、トゥールーズ伯を厳しく叱責し、同時に国王の介入を要求した。「伯ならびに執政は、市民が異端審問官の前に出頭することを刑罰をもって禁じた」が、これこそパリ和約条項の違背であると非を鳴らしたのだ。結局、カルカッソンヌで行なわれた法王特使との会談で、伯は全面降伏する。「追放の翌年（一二三六年）、聖アウグスティヌスの祝日を過ぎる第八の日、会士たちはトゥールーズの僧院に帰還した」（ギヨーム・ペリッソン）。

フランチェスコ会修道士たち

市外退去中も審問を怠らなかった会士たちが、帰還後はおそらく報復の気持ちもあって市内を徹底的に点検したことは想像に難くない。結局、政治状況などは歯牙にもかけず、ひたすら審問を強行したドミニコ会士たちが異端審問を軌道に乗せたのである。折しも長く異端の完徳者だったレモン・グロという者が僧院に駆け込んで絶好の便宜を提供する。会士たちは彼を「助修士《コンヴェルス》として受け入れ」、「時日を費やして彼の告白を文書にした」。あとは大量喚問であったが、「かくも多数の者に対して証人はレモン・グロただ一人だったにもかかわらず、誰ひとりとして異議を申し立てる者はなかった」。「彼があらゆる事実を知っていたから」でもあろうが、同時に強引な断罪が察せられる。この時、異端に傾いたことのあるトゥールーズの有力市民はほとんど一網打尽となった。

贖罪の巡礼

異端審問官は都市といわず農村といわず、精力的に巡回した。彼らは克明に記録を作ったので、それが残っている場合にはその活動の片鱗を窺うことができる。H・C・リーやC・ドゥエーがピエール・セラの判決記録から整理したデータがある。それによると、トゥールーズの西にあたるケルシー地方で、一二四一年の待降節から翌年の昇天祭までの約半年間に、彼が審問を実施した地点はモントーバンやモワサックなどの町から小農村まで含めて九ヵ所、判決総数は七百二十四件（C・ドゥエーの計算では七百三十二件）に達している。この場合は猶予期間、いわゆる「慈悲の期限」を設けてその間に出頭した者を審理したのだから、すべて悔悛者に対する判決で、火刑や投獄などの極刑や重罰はない。十字着用が重い方で大部分が贖罪のための巡礼である。スペインのサンチャゴ巡礼が四百二十七名、イギリスのカンタベリ巡礼が百八名、ローマ巡礼が二名、それにおそらく騎士身分だったのであろう東方十字軍参加が七十九名。審問官の書状を携行し、目的地の証明を貰《もら》って帰るのである。

寛大な判決に見えるし、審問官の気持ちでも寛刑のつもりだったかもしれないけれど、実質的には追放刑と罰金刑をあわせ科せられたのと同じことである。稼ぎ手であれば、一家は路頭に迷いかねない。怨嗟《えんさ》の声が満ちたであろうことは想像に難くない。

それよりも驚くのは、異端の認定の峻厳さである。異端者数名とともに人目を避けて葡萄畑に行き、そこで異端の書物を読み、一緒に食事をしたという聖職者が、職務を停止されてサンチャゴ巡礼を科せられたのは理解できないこともないが、少年時代に異端らしい者を見た男、それと知らずに異端者を対岸に渡した渡し船の船頭、渡し船に異端者と乗り合わせたことのある男、異端とは知らずに怪我人の腕に包帯を巻いてやったことのある医師、ある病人の家に異端者が入るのを見かけたことのある男、病児のために医術の評判の高かった異端者に相談した男などが、長途の巡礼を命じられているのだ。異端者が社会の底辺にまで浸透していた時代、彼らと何らかの接触の経験のない者はいなかった。それをしも「幇助者」「迎接者」「秘匿者」と見るならば、全住民が有罪である。事実、この頃の異端審問官は全住民を信仰の敵と考えていたのかもしれない。

精力的な活動はピエール・セラに限ったことではない。同じく一二四〇年代の審問官、ベルナール・ド・コーとジャン・ド・サンピエールなども二年間に百六十ヵ所以上を巡回し、トマス・サント・ピュエルだけでも四百二十人を取り調べている。

審問官を迎えてこれほど多数の住民が出頭し、ささいな過失を申し立てたのも一見不可解のようだが、その理由は推察できないでもない。黙って「慈悲の期限」を過ごした後で、誰かの供述のなかに自分の名が出るようなことでもあれば、それこそ重大な結果になる。それを恐れたのだ。

当然、さまざまの悲劇が生まれる。ローラックのレモン・ジューグラなる者の娘レモンドは身持ちが悪かった。父親に放逐されたのを異端に心を寄せるギヨーム・ド・グージャン夫妻が哀れに思い、かつは更生させようとの心から、引き取って異端者の話も聞かせた。本人も異端になろうと決心したが、これは異端者の方で承知しなかった。まだ教育が足りないというのである。異端の女たちが共同生活をしている家に引き取られて、見習いの苦行をしている最中に、探索の手が伸びたので異端者たちは引き払ってモンセギュールへ退避した。置き去りにされたレモンドは再び放縦な暮らしにもどったのだが、経歴は隠すべくもなく捕縛されて焼き殺された。

アヴィニヨネの惨劇

一二四〇年、レモン・トランカヴェルの反乱が生じた。これは先のアルビジョア十字軍の緒戦にカルカッソンヌに籠城《ろうじょう》して抵抗し、降伏後その町の塔に幽閉されたまま人生を終わったレモン・ロジェーの息子である。称号は子《ヴィコント》にすぎないが、トゥールーズ伯の家臣であると同時にアラゴン王にも臣従するという複雑な立場を利用して、カルカッソンヌ、モンペリエ、ベジエ、アルビを領有した、南フランス領主中の名門だった。実勢力ではトゥールーズ伯をしのいだかもしれない。

一度《ひとたび》彼が決起すると中小の領主に参加するものが多く、一時はカルカッソンヌを包囲する勢いだったが、トゥールーズ伯が日和見《ひよりみ》を続けたこともあってあっけなく敗退、瓦解した。十字軍以前の秩序に返ることを夢見た、反王権、反教会の反乱で、必ずしも異端擁護とは関係がなかったのだが、後日加担者が嫌疑を受けたことはいうまでもない。ともあれ、これが南部の最後の公然たる反乱となった。やや先のことになるが、一二四九年トゥールーズ伯レモン七世の死により広大な南部は王弟アルフォンス・ド・ポワティエの所領となり、さらに一二七一年その死によって王領に帰する。

異端審問官ギヨーム・アルノーとエティエンヌ・ド・サンティベリは、依然精力的に異端審問の巡行を続けている。一二四二年春には、アヴィニョネに到着した。小さな町、というより村なのだが、ここにはトゥールーズ伯の館《やかた》があって代官《バイル》が駐在している。一行は審問官二名、ドミニコ会士二名のほかフランチェスコ会士、ベネディクト派僧院の分院長、レザの司祭、書記、公証人おのおの一名、執行吏二名、総勢十一名だったという。一行は城に入り、翌日から審問に取りかかることにした。

これを城の代官レモン・ダルファロがモンセギュールへ急報した。いうまでもないが、天険をたのむカタリ派の牙城で、所領を追われた騎士にもここに身を寄せる者がいた。ピエール・ロジェー・ド・ミルポワはただちに騎士数騎を率いてモンセギュールを出、アヴィニョネを目前に控えるガイアックの森に潜んだ。ここで近隣から馳せつける兵およそ三十騎と合流、あわせて武器の補給を受けた。レモン・ダルファロは獲物が脱出する場合に備えて、アヴィニョネから北へ向かう街道にも伏兵を配置した。迅速、周到、かつ広範囲な手配りである。計画が漏洩《ろうえい》していないことを考えあわせると、事前から地域をあげての陰謀だったとしか思えない。

城内には斧《おの》を携えた兵十二名がすでに潜入していた。入口でピエール・ロジェーの一隊と槌矛《つちほこ》で武装したレモン・ダルファロ配下の兵二十五騎が合流する。ゴレランなる配下が出迎えて、審問官一行は今まさに就寝するところだと告げ、全員を引き入れた。襲撃者たちは広間の扉を打ち破って侵入し、審問官以下を惨殺、戦利品を配分すると、途上に住民の歓待を受けながら引き揚げて、そのまま身を隠した。後々、ピエール・ロジェー・ド・ミルポワは審問官の頭蓋骨を盃にしたという噂があった。

モンセギュールは国王軍による包囲戦の後、一二四四年三月に陥落し、二百名を超える者が火刑に処された。陥落直後の大探索と異端審問でアヴィニョネ事件への加担を供述した者が数名あって事件の経緯が知られるのだが、主立った者たちは結局逃れ切ったらしい。レモン・ダルファロの名は一四四九年の記録に出現しているが、この時には新伯アルフォンス・ド・ポワティエの代官《ヴィギエ》をつとめている。法王庁では殺害された審問官たちをキリストの殉教者と認定、公布した。後世、彼らは列聖されている。

第四章　異端審問の制度化

ナルボンヌの騒動

異端審問が摩擦を引き起こしたのは、もちろんトゥールーズに限らない。ナルボンヌでは異端審問官フェリエが怨嗟の的であった。一世紀以上も経ったのちにベルナール・ギーが「不抜の勇気ある異端審問官、今に至るまでその名は異端者どもの耳に鳴り響いている」と評した人物である。

「純朴で無学な人々を尋問によって捕捉せんと図り、審問官フェリエは、実にこのように問うのである。女が懐胎する時、これは神によってなされるのか、男によってなされるのか。信者が男であると思うむね返答すれば、汝はまさしく異端である、と断ずる。なぜなら、人を作るのは悪霊と男であって神ではないというのが異端者どもの説であるから。かの単純なる信者が恐れて返答を変え、神によると答えるならば、されぼこそ汝は異端である、神が女と交わると信じるのだから、と断定する」。

「司祭によって聖別されたパンはまことに神の全体であるか、それとも神の部分であるか、と問う。信者が神の全体であると信じるむね答えるならば、重ねて問う。四人の司祭が同時に聖体を聖別する場合、どの聖体にも神の全体が在《いま》すのか。その通りと答えるならば、さればこそ、汝は異端であると断じる。汝は神が四柱もあると信じるのだから」。

これは一二三四年にナルボンヌの新町《ブール》の執政《コンシュル》がニームの執政《コンシュル》に送った書簡のなかで、現下の惨状を訴えたくだりである。これこそ、詭弁を弄し陥穽を設けて無辜《むこ》の者を誣《し》いる論法だ。そして、法の手続きを無視して暴虐をきわめる異端審問官から住民を護るのは我々執政の義務であると、書簡は憤懣《ふんまん》をぶちまけている。

一二四七年から四八年にかけてフランス王が南フランスに派遣した監察使に対する陳情のなかにも、フェリエの不当な宣告によって没収された領地の復権を求める申し立ては十数件見出される。

ナルボンヌはローマ時代から続く古都、中世にあっては大司教座の所在地で、いわば南フランスの精神的な首都である。周辺の零細領主群には異端に加担する者が多かったが、町そのものはアルビジョア十字軍のさなかにも正統教会に忠実であり続けた、南フランスでは珍しい町で、法王使節から「イエス・キリストの業《わざ》の息子、兄弟、否むしろ父である」という感状を頂戴したほどだった。それが一異端審問官の活動で予期せぬ動乱に巻き込まれた。

ナルボンヌは構造の複雑な都市で、本町《シテ》は大司教の領有、新町は大司教の家臣たる子《ヴィコント》の領有下にあり、しかもそれぞれが独立した自治機構としての執政府《コンシュラ》をもっていた。一二三三年、新町でフェリエが審問を、それも全住民を異端と決めてかかるような審問を始めた。異端の廉《かど》で没収された宅地がたまたまドミニコ会僧院の隣地で、僧院の拡張のためにことさらに異端の嫌疑をかぶせたものと解されていちじるしく印象を悪くした。審問官の法手続き蹂躙の背後には、大司教、異端審問官、それに子《ヴィコント》が結託して新町の特権を制限し、行く行くは執政制をも廃止する意図があるものと受け取られたのだ。

その時、フェリエが説教のなかで新町全住民を異端者呼ばわりしたのに住民が憤激し、ドミニコ会僧院に押しかけ玄関の一部を壊す騒ぎとなった。執政は新町当局の意図ではないとして、弁償と暴徒の処罰を言明したが、大司教は巨額の罰金を押しつけ、挙句の果てに新町の宗務停止と重立った市民の破門を宣した。

そこで上記書簡はいうのだ。「大司教は新町に破門を投じ、秘蹟はおろか公証人や医師の活動も禁じた」。「大司教はその羊の群れの救済でなく、群れが産み出す乳と羊毛にしか関心がない」。一二三三年から三七年にかけてのナルボンヌの騒動は、まぎれもなく一異端審問官の恣意的な活動から生じたので、あたら忠実な都市を反教会、反ドミニコ会の立場に押しやったのだ。

熱狂から組織化へ

ところで、十四世紀の初めになると、このようなタイプの異端審問官は影をひそめた模様だ。むろん、審問官の逸脱や住民との紛争が後を絶ったわけではないにしても、書類の調子が微妙に違ってきている。審問の調書で見るかぎり、被告の信条の断定を急ぐというより、行動や見聞の丹念な糾明に重点が移っているように見えるのだ。異端者そのものが減少したこともあるだろうが、明らかに尋問項目が規格化されて個性的な辣腕を振るう余地が少なくなったためでもある。

つまり、アヴィニョネの襲撃やモンセギュール陥落からベルナール・ギーの時代まで、半世紀以上の時が流れる間に、異端審問の在り方も異端審問官の気質もだいぶ変わった。一口に言えば、異端審問の制度的な確立と、異端審問官の官僚化が進んだのだ。異端狩りの熱狂が先行して大量の犠牲者を出し、恐怖を撒き散らした時代から組織的な調査の時代になったのだ。

ごく大局的に言うならば、主として十三世紀後半に、異端審問の手続きの整備と審問官の統制が軌道に乗り、さらにその外側で法学者や神学者による理論化が進んだと見てよいだろう。

法整備のはじまり

一二四二年、タラゴナの教会会議は、異端審問に関する強力な法整備の開始を告げた。これにはドミニコ会の高名な教会法学者ペーニャフォルテが参画していたために、スペインを越えて影響を及ぼした。この時初めて、異端審問の対象が確定される。本来の意味における異端者《ヘレティキ》、帰依者《クレデンテス》、嫌疑者《ススペクティ》、秘匿者《ケラトーレス》（それと知りながら通報しない者）、隠匿者《オクラトーレス》（知りつつ沈黙する者）、庇護者《デフェンソーレス》（言語と行為において異端者を擁護する者）、幇助者《ファウトーレス》（異端者に援助、助言、好意を寄せる者）、再犯者《レラプシー》（いったんは誓絶しながら再び異端との関係に復帰した者）の八つの範疇に区分したのだ。そして、召喚されて出頭しない者は幇助者と見なし、そのまま一年を経過すれば異端者と見なすとした。

秘匿者と隠匿者、庇護者と幇助者の相違点がどこにあるのか、今となってはほとんど理解しがたい。いたずらにスコラ的であるように見えるのだが、従来漠然と信仰の敵としてきた者について概念を整理しようとする意図は、見て取ることができる。判決を、教会法による贖罪と世俗の腕による刑罰に区分し、後者を悔悛せざる異端者に対する死刑、悔悛せる異端者に対する投獄（ただし事情により十字着用、鞭打ち、所定の祭日ごとの行列参加により代替可能）に区分整理したのも同じ精神である。

一連の南フランス教会会議

一二四三年にナルボンヌ、一二四六年にベジエ、一二四八年プロヴァンスのヴァランス、そして一二五四年にアルビで開催された一連の南フランス教会会議は決定的に重要である。アルビ会議がフランス王の指示によって開かれたことが示すように、これには王権の意図が働いている。当面の課題は司教権限と異端審問の調整で、原則はあくまでも両者の並行持続だが、個々の決議では司教には容疑者の発見と既決囚の管理が、異端審問官には審理そのものが強調されている。

審問対象の分類と定義は、タラゴナ会議よりも単純化され、反逆者（異端者）、再犯者、幇助者（異端審問の妨害者）、嫌疑者（宣誓を拒むもの）の四種類とされた。先には倫理的、神学的な観点が混入した分類だったのに対し、南フランス四教会会議は異端審問に対する態度に着眼したのだ。

異端審問の手順については、まず特定地域に「総説教《セルモン・ジェネラール》」を行い「慈悲の期間《タン・ド・グラース》」を設定する。期間内に自発的に出頭すれば格別の配慮が加えられるという意味である。これは従来も行なわれていた慣行だが、ここで明文をもって義務化したのだ。期間後に初めて召喚するが、出頭しないものは幇助者、一年後に自動的に異端者に格上げするのはタラゴナ会議の規定と同じである。

「異端者を悔悛させるよう努めよ。悔悛の明らかな者に対しては寛仁を示せ」。「明白に立証された証拠なくして断罪に及んではならない」。「悔悛を拒む者に対しても断罪を急いではならない」。この種の頻出するテーマは、暴走する異端審問を引き戻して伝統的な教会法の規範のなかに位置づけようとする姿勢である。立証は証言と自白による。自認した者は公式の誓絶の後、投獄または贖罪。あくまで自認を拒む場合にのみ「慈悲を用いない」。

死骸の発掘と焼却は初期のドミニコ会士が盛んに実行したところだが、ここで法的な根拠を与えられた。「故人がその死の時において異端者であったことが判明した場合、死骸または骨を発掘し、公開の場において焼き捨てる」（アルビ教会会議）。

罰は人身に対するものと財産にかかわるものに区分されたが、人身に関する最重罰は「世俗の腕」で、反逆者（悔悛せざる異端者）と再犯者がこれに該当する。第二は「壁」、つまり投獄である。壁は部厚く、房は分離、暗くなければならない。扶養の費用は本人財産、それのない場合は領主または共同体が支弁する。原則として年齢、性別、家族の有無を顧慮しないが、夫婦の面会を許可することもある。投獄は原則として終身とするが、軽減、あるいは他の種類の贖罪に振り替えることもできる。第三は贖罪で、公開の場で告白、誓絶、宣誓、その上で鞭打ちが普通の形である。毎日曜日および所定の祝祭日、ミサに出席し、そのあと上半身裸体となって鞭を司祭に捧げ、懲戒を甘受する。行列に参加する時も同様である。このほか十字の付いた衣服の着用、住居の指定、公職就任の禁止、巡礼、十字軍参加など種類は多いし、加重、免除、振替えも可能とされた。

財産にかかわる罰としてはまず財産没収だが、特殊なケースを除き宣告に先行する没収を禁じたし、配偶者が正統信者であればその財産に手を付けるのは職権の濫用であると規定した。また没収財産をドミニコ会のために用いてはならない、ただし囚人の扶養と獄舎の建造費に充てることはできると限定した。

記録を義務づける

これら諸規定にもまして特筆すべきことは、記録の作成を義務化したことであろう。「異端審問官は、その行なうすべてのこと、すなわち召喚、宥恕《ゆうじょ》ないし恩赦、尋問、告白、供述、誓絶、それにともなう贖罪、判決、刑罰、その他異端審問の経過において生じたあらゆることを記録にとどめなければならない」（ベジエ教会会議）。「これらの文書については、二部作成し、安全な場所に保管しなければならない」（アルビ教会会議）。

イタリアと同様、南フランスはいわゆる成文法地帯なので、法的に効果のある証拠は文書にするのが一般であった。奇妙なことだが中世、住民の圧倒的多数は文字を知らないのに、契約や婚姻に関しては文書を作ったらしい。そのために文書作成を職業とする公証人が都市だけでなくかなり辺鄙《へんぴ》な山村にまでいたのである。むろん、異端審問の書類は公式の文書なので、公証人なら誰でもよいというわけにはいかない。異端審問専属の公証人が作成する。この時期にどうであったか定かではないが、後には異端審問官にその自由な指名権がなかった。

文書化は一面においては異端審問の作業の能率化、組織化を促進する。同時に住民にとっては不安の種である。誰の供述に自分の名前が記載されているか判らないからだ。異端審問に対する反感が先鋭化して暴動に転化する時、かならず文書庫が狙われた。ナルボンヌ騒擾でも住民は文書を破棄したし、カルカッソンヌでは文書の持出しをはかって失敗した例がある。副本を作って安全な場所に保管せよという規定は、この間の消息を語っている。

十三世紀後半から十四世紀にかけて作られた異端審問記録は膨大な量にのぼった模様だ。異端審問側ではその基地たるカルカッソンヌの城塔の奥深く秘蔵した。あるいは、異端問題の存在しない遠隔地に運んで格納した。厳重に保管しすぎた結果、時代が移って問題が忘れ去られると、この種の記録には廃棄や紙背利用の運命に遭《あ》うものも生じる。近代になって思いがけないところで異端審問関係の書類の発見が報じられることがあるのも、この種の事情の反映である。

ただ、この時の記録作成の義務化は、一連の教会会議の精神から見て、異端審問官の行動の客観化、つまり統御の一環だったと考えられる。

法王庁の態度

一連の南フランス教会会議は、国王の支援を得て異端審問の「制度」の基本を確立した。むろん、これは法王庁の動向とも連動しているのだが、必ずしも密着してはいない。法王庁は何よりも膝もと、イタリアの事情に拘束されていたので、異端審問統制の姿勢はこれほど鮮明ではない。むしろ、異端審問官の行動を解放、鼓舞しようとする意図と統制の間で動揺しているように見える。例えばインノケンティウス四世の勅令「根絶のために《アド・エクスティルパンダ》」（一二五二年）はヴェロナの異端審問官殺害事件を機に発せられたもので、直接的には北イタリア諸都市を対象としたものだが、拷問を用いても自供と通報を促進することを要求した。南フランスで根気強い説得が呼号されたのとは対照的である。

アレクサンデル四世（在位一二五四―六一年）の幾つかの勅令は、異端審問官の正規の権限から魔女と高利貸に関する審理権を削除する反面、異端に関する権限を強化している。審問官には贖宥を授け、司教と法王代理に対するほぼ独立的な位置を与えた。手続き面では、容疑者の有罪を立証するためには破門中の者にも証言能力ありとした。これ以後の法王勅令にも異端審問の運用に触れるものは多いが、基本的にはこの段階で異端審問制度の組織は一応完了したと見てよいだろう。逸脱の統制と鼓舞の間に動揺を繰り返しながら、異端審問の制度そのものは整備されるとともに強化されていったのである。

十三世紀九〇年代になれば、フランチェスコ会士二名が担当するプロヴァンスを除き、フランス王国にはドミニコ会士の異端審問官四名が恒常的に活動している。イタリアではロンバルディアを中心とする北部をドミニコ会士が、トスカナを含むそれ以外の地方をフランチェスコ会士が管掌《かんしょう》し、ここでは司教による異端審問はもはや問題にならなくなっている。イベリア半島ではドミニコ会のスペイン管区長に異端審問官選任の権限が与えられた。ただ、帝国領内では政治情勢を反映してこのような整備は遅れていた。

法学と神学

異端審問の外側、あるいは周辺で異端審問の理論化が進展したのも、十三世紀、とくに十三世紀後半期の特徴である。時あたかもローマ法学、教会法学、それにスコラ神学の展開期に当っている。そこで異端とはなにかの問題もさることながら、異端審問の正当性、端的にいえば信仰の問題を理由に人を処刑してよいかの問題の解決が模索される。同胞の犯す罪を「七度を七十倍するまで許せ」という福音書の教えは、依然として重かったからである。当時の理論家、特に神学者はそれとの調和に腐心したのだが、ということは中世においてさえ、異端者処刑の正当性は必ずしも自明のことではなかったことを意味する。

法学の分野では、包括的な教令集の編纂が繰り返され、当然そのなかに異端審問に関係する法王勅令その他の規定が採録されるが、それに付される編者の注解のなかで異端審問に関する理論が形成されていく。インノケンティウス三世の一一九九年の勅令は、異端を大逆罪として財産没収を正当化した。この法王にはボローニャでローマ法を学んだ経歴があるが、教会法の公式文書に大逆罪の観念が登場したのはこれが最初だとされている。ただし、「全財産を放棄したのちにも、教会との和解を望ませるため」悔悛者への財産返還を条件とし、正義と愛憐《ミセリコルディア》の調和をはかった。

この勅令はもともとイタリアの法王領を対象としたものだが広く援用され、以後の法王勅令に踏襲される。インノケンティウス四世の勅令は前述の通り拷問を合法化したが、その根拠として大逆罪の観念と並んで世俗の一般犯罪との比定が姿を現している。殺人と盗掠が世俗の重罪であると同じく、異端は霊魂に対する殺害であり盗掠であるというのだ。

第四回ラテラノ公会議の後に成立したヨアンネス・テウトニクスの『グラティアーヌス教令集注解』、通称『通常注解』は、異端者を矯正する教会の権限と、世俗権力の教会防衛の義務を強調する。異端者を処刑することができるかという大問題に対しては、説得と矯正のあらゆる手段を尽くした後に初めて可能となる。「矯正不可能の者を罰するのは報復でなく、正義の愛に基づく」。「もとより罰する権限を有するのは世俗の裁判官である。しかし、大道で盗賊に襲われた時、すなわち正当防衛の場合、裁判官ならずともすべての人間に相手を殺害する権利がある」。そして異端者を盗賊、それも聖なるものの盗賊に比定して異端審問を正当化する。奇妙な論法である。

ガウフレドゥス・デ・トラーノの『教令逐条釈義』（一二四一年ないし四二年）はまだごくわずかの部分を異端にあてているだけだが、その分類を試みて、誤った信仰の表明・教会とは異なる聖書の解釈・秘蹟の私物化・聖職の売買・疑わしい信仰の保持・ローマ法王首位権の否認の六種類とし、破門・聖職剥奪・財産喪失・軍事措置の四種類の対応が可能とした。この分類では異端の範囲は極度に広くなる。また、「軍事措置」には十字軍から世俗の腕による処刑までが含まれる。ベルナール・ド・パルム（一二六三年没）の『教令通常注釈』でも、異端者は広義においては売官僧・対立法王の支持者・それに被破門者のすべてを含むが、狭義においては信仰の諸事項についてローマ教会と異なる見解を有する者とした。マンド司教ギヨーム・デュランの『裁判の亀鑑』（一二七二年ないし七三年）は断罪された後の異端者の法的な立場に焦点を絞った。「実に、教会の外に秘蹟は存しない。同様に、教会の外に有効な法行為は存しない」。法学者たちは最初から異端審問を是認する立場に立っていた。彼らの論法は基本的には、異端を精神上の大逆罪とするところにあった。この観念がローマ法に由来することはいうまでもない。

十三世紀前半、神学者アルベルトゥス・マグヌスの場合は異端に「アンティ・キリスト出現の先駆」を見ていて、いまだ理非を越えて追及に急だった時代の空気を反映している。アレクサンダー・オヴ・ヘイルズは、異端を「神に対する罪」と規定し、教会の保全の観点からその処罰を正当化した。

ドミニコ会士、そして最大の神学者トーマス・アクィナスは異端者、つまり偽信者を贋金つくりに譬《たと》えた。「霊魂を堕落させるのは、肉体の必要を充たす貨幣を贋造するよりもはるかに大きな罪である。従って、君主が貨幣贋造者を即刻処刑しても正義に反しないとするならば、一層強固な理由によって、異端者を破門するのみならず死に付しても正義に反しない」。これは異端者そのものに関する問題だが、彼によれば、これとは別に「愛憐を考慮せねばならぬ」教会の立場がある。「教会が異端者を即刻断罪せず、使徒が望んだ通り矯正した後に初めて断罪するのはそのためである」。再犯者はいかなる場合にも極刑という、異端審問の大原則にたどりついたのだ。結局、「教会は絶望の末、破門宣告によって異端者を教会から切離し、最後には世俗の裁判権に委ねて生者のうちから抹消することによって、他の者たちの救済を確保する」。

基本的に、法学が大逆罪を論拠としたのに対し、神学は公共の福祉、教会の保全をよりどころとしたのだ。いうまでもないが、この段階で社会と教会はほとんど同義語であった。

異端審問官の著作

ところで、いっそう我々の興味を引くのは、異端審問官自身の筆になる作品である。いったいに、異端審問官には著述家が多い。十三世紀の中ごろから異端審問官文献とでも総称すべき一群の作品が出現するのだが、むろんそれにもいくつかの種類がある。

まず説教、特に異端者との論争に必要な知識を提供しようとする異端反駁書《はんばくしょ》があるが、異端審問官はこの種の著作から次第に離れていく。この点は審問官自身が自覚していた。「特に異端審問の職務においては、異端者と論争する必要はない。正統信仰あるいはその諸箇条を明示して逸脱や欺瞞《ぎまん》の有無を探ることが任務である。正しく信じていることが判明すればこれを受け入れ、しからざれば断罪するのみである」。これは後述する異端審問官の手引きの一つに出る指摘である。

ベルナール・ギーも特に審問の場面での論争を避けるように勧めていた。「俗人のいる所で、奸智にたけた異端者たちと信仰について論争するのは適当でない」。なぜなら、一般信者は「我々が粗野で下劣な連中にいいくるめられるのを見ては、信仰に動揺をきたすのは必定である。信者たちは我々を何ぴとも反論できないほど明晰で確固たる意見の持主と思っていて、俗人にもわかるようなやり方で異端の論法に屈するなどとは考えていないからである」（『異端審問の実務』）。これはもちろん、いったん嫌疑をかけた相手については何としても有罪を立証しなければならないという姿勢に通じる。

狭義の異端審問官文献は、徹頭徹尾実用的な作品である。これも幾通りかの分類が可能だが、まず出現したのが実用的な法的基準の注解書だった。度重なる公会議決議や法王勅令、地方教会会議の決定や法王代理の訓令などを簡便化するのは、異端審問の規格化にとって不可欠の要件であった。早くも一二三〇年代にその試みが見られるのだが、有名なのは一二四一年ないし四二年にタラゴナ大司教ペドロ・ダルバラの命令で編集された『ペドロの助言』である。異端審問官に統一的な準則を与えようという明瞭な意図のもとに、実質上ペーニャフォルテが執筆した。この種の法令の実地適用の参考書はやがて異端審問官の手引きと呼ばれる一群の作品のなかに吸収されていく。

さらにまったく実用的なものとして書式集がある。召喚、尋問、供述、判決、誓絶などの文章化の基準で、異端審問の手続きの流れに沿って配列されるのが普通であった。A・ドンデーヌの指摘によると、ロンバルディアの異端審問官グィドが一三〇四年に一悔悛者にル・

ピュイ聖母寺への巡礼を科した判決文は、一二四八年の南フランスの異端審問官ギヨーム・ド・ヴァランスの判決とほぼ同文だというし、また同じグィドがワルドー派の女に与えた帰参許可状は、一二四一年にナルボンヌで異端審問官フェリエが発行したものと同一構文だという。これは書式集の普及と異端審問の規格化が進んだことを示すものであろう。

手引書の数々

異端審問官文献のうち、もっとも重要で、現実に影響を及ぼしたのが一連の手引書であることはいうまでもない。今述べた『ペドロの助言』がすでにその性格をもっていた。十三世紀の四〇年代末から五〇年代初め、ナルボンヌの二人の異端審問官ギヨーム・レモンとピエール・デュランが著した『ナルボンヌの訴訟手順』は、実質は著者たち自身の活動の報告で、書式の収載が少ないところから、この段階ではまだ制度の整備が緒についたばかりであることを思わせる。

十三世紀後半には、フランチェスコ会士の異端審問官ダーヴィット・フォン・アウグスブルクの作とされているが、その実、作者不詳の『異端審問について』がある。経験にもとづいて新任の異端審問官に心得を授ける意図で執筆されたもので、手続きよりも実際の異端者取扱いの要領に力点がある。異端者の公然活動が減少するにともない、異端審問官の方でも平穏に安住する気分が生じ、異端者と戦う術《すべ》を忘れ、偽りの悔悛に欺かれて放免することが多い。特に法の要求する証拠が入手できないことが多い。そこで密偵の利用が推奨される。確固たる信念をもつ異端者は別として、多くの者は死をもって脅かすのが有効である。自供と共犯者に関する情報提供があれば助命すると約束するのがよい。心から悔悛しているかどうかは、共犯者の名を挙げるかどうかで判定できる。頑強な相手は暗所での幽閉、少量の食事、接見の遮断、死の恐怖、それに何より証人の証言を得ていると告げるのがよい等々は、著者の経験の集約だが、同時に異端審問の実際を語っている。

このほか、散逸したものをも含めて大小かなりたくさんの手引書が書かれた模様で、その蓄積の上にベルナール・ギーの『異端審問の実務』が登場する。現にその第四部は、十三世紀八〇年代と推定されている作者不詳『異端審問の権限と形式』を下敷きに加筆したものである。ベルナール・ギー以後もこの種のジャンルは書き継がれ、エメリコの『異端審問官の指針』もその延長線上に位置する。ただ、作品から次第に実践的な動機が後退し、作品としての完成、理論を追う傾向が卓越して来るというのがA・ドンデーヌの見たところで、彼はその転回点を一三三〇年ごろ、ザンキーノ・ウゴリーニの『異端事項提要』に置いた。

してみれば、十四世紀初頭は異端審問官文献の歴史にとって、一つの頂点だったのだ。手引書に限らず、記録の点でももっとも豊かな時期に当っている。大きく見て、異端審問の制度化が確立し、しかも審問官たちがまだ熱意を失っていなかった時期ではないかと思われる。いうなれば、異端審問そのものの最盛期だったのであろう。そして、その時期を代表する異端審問官がベルナール・ギーにほかならないのだ。

ギーについては次章で詳しく述べるが、彼が『異端審問の実務《プラクティカ》』を最終的にまとめたのは一三二三年ごろ、つまり異端審問官を退任する間際あるいは離任直後のことらしい。おそらく後任者たちの便をはかる意図があったのであろう。

『異端審問の実務《プラクティカ》』

『異端審問の実務』は全五部。膨大な作品である。第一部は召喚と出廷に関する文書とそれに関する諸注意、第二部は罰の軽減に関する書式と注意、第三部は判決に関する手続きと書式と注意、第四部はもろもろの注意事項、第五部は異端諸派の特徴、異端者とその一味の探索と尋問の要領からなる。

成立年代も各部まちまちで、第四部が十四世紀一〇年代でもっとも古く、最初の三部が二〇年代初め、第五部がもっとも新しいと推定されている。全体を統一的に構成したものではなく、特に最初の四部は編纂資料集の性格が強い。十九世紀の末にC・ドゥエーの校訂によって全編が刊行されたことがあるが、現在普通に『異端審問官提要《マニュエル》』の名で行なわれているのは第五部のみである。この部分には著者ベルナール・ギーの個性がよく出ていて、これとて先行する著書や資料を踏まえているものの、内部構成が緊密で独立の著作として取出すことが十分可能なのだ。

第五章　審問官ベルナール・ギー

「ギーは七十歳ぐらいのドミニコ会士で、華奢《きゃしゃ》な身体つきではあったが、まだ矍鑠《かくしゃく》としていた。何よりも、無表情なままで相手を見据える、あの冷ややかな灰色の目に、私は打たれた。それでいながら、あとになって、何度も、ギーが自分の思念や情念を隠そうとするときに、あるいはわざと露《あら》わにしようとするときに、そこに怪しい光がよぎるのを、私は見た」。

『薔薇《ばら》の名前』

これはウンベルト・エーコ『薔薇の名前』の一節に登場する、異端審問官ベルナール・ギーの描写である（下巻、河島英昭訳、東京創元社、一九九〇年、七五頁）。こと新しく紹介するまでもないが、『薔薇《ばら》の名前』は十四世紀初頭イタリア北部の一修道院を舞台に、奇怪な連続殺人事件を扱った小説だ。その探偵役をつとめるのがフランチェスコ会士ウィリアム・オヴ・バスカーヴィル。もと異端審問官だがベルナール・ギーと対立し、職務に疑問を感じて辞職したという設定の初老の修道士。彼に随行した弟子アドソの回想という形式で物語が展開する。

推理仕立てのプロットもさることながら、当時の思想界や信仰、それに政治の大きな潮流をそれぞれ代表するさまざまの人物がこの修道院に集まる。これら人物の織りなす人間模様と相互関係の緊張がおそらくこの小説の読みどころと言ってよいだろう。中でも、遅れて到着するベルナール・ギーの一行には、断然他を圧する大きな威圧感がある。「それは、あの数日来しきりに噂に聞いていた、ベルナール・ギーであった」。ただ、何と言っても小説だから、この有能な異端審問官の表情や目の光まで、事実を写しているという保証はない。

小説の中のベルナール・ギーは到着早々探索を開始し、たちまち修道院の中から異端の容疑者を嗅ぎだす。かつてフランチェスコ会内部の厳格派に属し、あるいは異端ドルチノ派に流れた、いわば信仰の嵐に巻き込まれた経歴の持主で、古傷を隠してこの修道院に身をひそめていた、というより匿《かくま》われていた修道士を、それに魔女の嫌疑で村娘を、矛先にかけたのだ。即席の異端審問が開かれる。「胡桃《くるみ》材の大きな机の中央の席に、ベルナール・ギーが着いた」。被告が「恐怖の罠《わな》に落ちてしまえば、ベルナール・ギーのほうは獲物の不安を錯乱状態へ変える方法など先刻承知していた。彼は一言も話さなかった。いまや、すべての人間が審問の開始を待ち構えていたのに、彼だけは目の前の書類の上に両手を置き、それらを整えるふりをしていたが、心は別のところにあった。その視線は、紛れもなく容疑者の上へ注がれていた。それは……偽善の寛大さと、……冷酷な皮肉と、……非情な厳格さとの入り混じった視線だった」（同右、一八四頁)。

高圧的な尋問で審問は急速に進展する。もちろん、拷問が指示される。「ただし、すぐに実行してはならない。三日間は、手枷《てかせ》と足枷《あしかせ》をはめて、独房へ繋いでおけ。それから道具を見せてやるのだ。見せるだけでよい。そして実行に移すのは四日めからだ。偽の使徒団《プセウド・アポストリ》が思いこんでいるように、処刑は性急に実施してはならない。……処刑の過程で不敬な者へ届けられる恩寵の一つは、まさにおのれの死を味わわせること、死を待ち焦《こが》れさせることだ……」(同右、二〇九頁)。

ギーは結審を宣言する。「あの男は、アッボーネ院長、もはやあなたに属さず、わたしにも属していない。わたしは真実の卑しい道具の一つに過ぎないのだから。正義の道具は別の箇所にある。羊飼たちは彼らの役割を果たした。いまや、病める羊を群れから離して、火によって浄めるのは、番犬たちの役目だ」(同右、二一四頁)。異端審問官とその護衛たる弓兵の一行は、犠牲者を引立てて風のように舞台から去って行く。

『薔薇の名前』はジャン・ジャック・アノーの監督で映画化された。修道士ウィリアムを演じたのは往年のジェームズ・ボンド役ショーン・コネリー。人生と思想の苦闘に鍛えられ、思慮と諦念、それにそこはかとない威厳をたたえた老修道士を好演していた。アナール派の重鎮ジャック・ル・ゴフが製作顧問に加わったと聞くが、映画『薔薇の名前』には原作とはまた違った面白さがあった。修道院が領地の農民たちから貢納を取り立てる場面、「貧者に愛憐《シャリテ》を」と称して残飯を裏門の崖から投げ落とすのを村民たちが争って拾う場面、などは強烈な印象を残した。原作の方にはなかったように思うから、ル・ゴフあたりの意見だったのかもしれない。戒律に服する厳しい日常ではあっても、修道院が紛れもなく支配階級であることを思い出させる効果的な場面であった。いかに質素であれ、規則的に食事ができるなどということは、当時にあってはそれだけで特権的なことだったのかも知れないと、改めて考えさせられた。

映画『薔薇の名前』でF・マーリー・エイブラハムが演じたベルナール・ギーは、ほとんど蒼白な殺人狂に近かった。ストーリーも原作とはやや違い、即決で火焙りにしてしまう。農民に追われて逃げる途中で馬車が転覆、散乱した拷問の道具が胸に刺さって惨死を遂げる。確かに、スクリーンにあれだけ嗜虐的《しぎゃくてき》な人間像を見せた以上、応報がなければ観客の気持ちが落着かないだろう。

ギーとはどのような人物か

ところで、ベルナール・ギーは実在の人物、それもかなり有名な人物である。一二六一年あるいは六二年、フランス中南部のリムーザン地方に生まれ、十三、四歳でリモージュのドミニコ会修道院に入った。おそらく衣食まる抱えの学生《ヌートリウス》だったであろうといわれている。十八歳で修道誓願を立ててドミニコ会士となった。晩年の回想に「私を養い育ててくれた説教僧団」という句があるが、文字通り生え抜きのドミニコ会士である。

初代リモージュ院長ピエール・セラは聖ドミニコの弟子、その弟子のエティエンヌ・ド・サラニャックがギーを教育した院長だから、ドミニコ会創設期の熱気からはもはや程遠い。それどころかトーマス・アクィナスを始めドミニコ会が生んだ多くの巨大な個性もすでに没した後である。だから、彼が登場するのは制度、いわば規則と実務が卓越する世代に当っている。彼自身、早くから学問と管理に頭角を現したらしい。二十三歳でブリーヴ僧院の論理学講師となったのを手始めに、リモージュの後はモンペリエで神学を学び、南フランスの諸僧院の神学の助教をつとめ、一二九四年にはアルビ僧院で神学を講じ、翌年には早くもアルビ僧院の院長になっている。

総じて当時のドミニコ会の院長は任期が短い。つまり転々と転任した。しかも、経歴による累進の観念はない。だいたい、僧院の観念からして旧来のベネディクト派の修道院《モナステール》とは違っている。独立の修道院がゆるやかに連合するのではなくて、ドミニコ会の場合にはまず僧団があって、その下部機構として僧院《クーヴァン》があるので、会の総長や総会や管区長のいわば官僚制的な管理下にあったのだ。ベルナール・ギーもアルビ院長を振出しに、一三〇七年までにカルカッソンヌ院長、カストル院長、リモージュ院長を歴任している。

院長の職務

当時ドミニコ会の院長は尋常ならざる激職だった。会士の生活の保証と統制。それに説教者として率先垂範《そっせんすいはん》の義務。会士の統制がまた一筋縄ではいかない。平会士にも管区長や総会への上訴の道が開かれていたから、院長はしばしば職権濫用のかどで内部からも非難攻撃の的となりやすい職だった。ギヨーム・ド・トナンスは「神によりあまたの恩寵と資質を恵まれた」人物だとベルナール・ギーが敬慕した先輩だが、ボルドー院長だった一二七七年、管区総会から院内措置全般の撤回と報告書提出を命じられた。書類は総長まで上達された結果、院長職は解任、それも僧院会士全員の前で解任状を朗読される始末だった。

そのうえ、ベルナール・ギーの頃はドミニコ会の大建築の時代である。聖堂、僧坊、回廊、水路等々、院長はその設計や工事監督から資金調達にまで奔走しなければならなかった。ベルナール・ギーは若年にしてアルビに神学を講じていた時、親しく目撃した僧院聖堂の定礎式の模様を後に記録している。「司教ベルナール・ド・カスタネ、正装して従者とともにうやうやしく後陣の位置に進み出、大地に跪いて石を据え、漆喰《しっくい》を塗った」。後、自身がアルビ院長になってこの事業を継承するまわりあわせとなり、司教に願って市民二名から没収した財産をもって、かろうじて大鐘の鋳造と煉瓦壁の建造に充てることができた。カルカッソンヌ院長としては入口の石門と回廊を完成しているし、カストルでは聖堂側廊下に二つの祭室を、リモージュでは図書館と、リモージュ子《ヴィコント》領の街区に開くため格別の折衝を必要とした僧院小門の建造に骨身を削った。

当時のドミニコ会には、このような激務をこなす会士が大勢いて、巨大な僧団を支えていたのだ。彼より一世代前のレモン・ド・コーブーはガスコーニュ生まれの会士で、ベルナール・ギーが範として仰いだ人物だが、モントーバン、ベルジュラック、再びモントーバン、ブリーヴ、再びモントーバンと院長職を歴任、シエナに出張中に客死している。

反ドミニカンの嵐

ベルナール・ギーのカルカッソンヌとアルビ院長時代は短期間ながら特に問題が多かったらしい。彼自身が回想している。「多くの艱難《かんなん》のうちでも取分けて苦しい時を過ごした」。当時カルカッソンヌはアルビと並んで反異端審問、反ドミニカンの動きの中心で、僧院はまさにその渦中にあったからだ。この時は異端への同情よりも、理不尽な捕縛と没収、それに不健康で非人道的な収監状況への反発が前面に出ている。一二八〇年、異端審問官ジャン・ガランドならびにジャン・ヴィグルーの横暴を鳴らして、アルビとカルカッソンヌの両市は国王に訴え出た。これが却下されると、陰謀が繁茂する。

一二八三年には、カルカッソンヌの執政《コンシュル》に司教座聖堂の助祭長サンシュ・モルラーナ以下教会の高僧数名が加わって、異端審問の記録の湮滅《いんめつ》をはかった。異端審問の下役ベルナール・ド・ラ・ガリーグなる者を大枚二百リーヴルで買収して文書を持ち出させ、焼き捨てようとしたのだ。それが密告によって露見した結果、徹底的な探索と弾圧の報復を招いた。町の政府が国王に訴えようとすると、苛酷をもって聞こえた審問官ニコラ・ダッブヴィルは訴状を起草した書記を投獄する始末であった。

一二九一年、国王の地方官あて訓令には「明白に異端者である場合を除き、国王役人は異端審問官の指示のままに市民を捕縛してはならない」とあって、状況の緊迫がうかがわれる。一二九五年にはついにカルカッソンヌが蜂起状態となって審問官に投石し、市当局はドミニコ会士を市外に放逐する一方、有力市民エムリック・カステルを法王庁に派遣して陳情させた。この時、フランチェスコ会士が同行している。

エムリック・カステルは代表的な反ドミニカンの市民だが、これを異端審問が狙わないわけがない。彼の父カステル・ファブリは熱心なフランチェスコ会の支持者で、会士に看取られて臨終を迎え、同僧団の墓地に葬られた人物だったが、異端審問官は生前ひそかに異端入信していたと称して、息子エムリックに召喚状を発した。標的はむろん、息子の活動を封じ込め財産を没収するにある。カルカッソンヌのフランチェスコ僧院はこれを重大視して、折からマルセイユで開かれていた僧団総会に報告の使者を急派した。

およそ三十年間比較的平穏な時期が続いたアルビでも、状況は険悪だった。時の司教ベルナール・ド・カスタネは今に残る壮大な大聖堂サント・セシールの造営に着手した司教だが、異端審問官ニコラ・ダッブヴィルの熱烈な支持者、というよりも、審問官にもまして異端狩りに熱心だった。一二九九年、司教と審問官はアルビ司教区の住民三十五名を捕縛した。二十五名がアルビ市民、レアルモン市民六名、レスキュール二名、コルドとロートレック各一名、いずれも名士である。このうち十九名が終身足を鎖に繋ぎ、「苦しみの水と嘆きのパンのみで生きよ」と宣告され、不衛生極まる獄舎に送られた。

もともと嫌われ者だった司教への反感は、一三〇二年二月に爆発する。トゥールーズへの小旅行から帰還した司教を市内に入れまいと、群衆が市門に集まって気勢をあげた。「死ね、死ね、裏切り者は死ね」。これは後にベルナール・ギーが記録した群衆の叫び声である。同年末にはドミニコ会士が説教しようとすると罵声と投石が飛び交い、会士はほとんど僧院から出られない有様となる。

陳情と上訴が相次ぎ、法王庁は調査団を、国王は監察使を派遣し、ある程度の是正が行なわれた。是正が行なわれたところを見れば、杜撰《ずさん》で横暴な異端審問が横行したことは事実と見て間違いない。現にドミニコ会の中からも異端審問の不正を糾弾する声があがっているのだ。目下の騒乱より少し前、一二八〇年代のことだが会士ジャン・マルタンはナルボンヌ大司教に異端審問官の職権濫用を訴え出ている。異端でもない人物、特に故人が犠牲になっているというのだ。例えばゴーティエ・ド・モンブランは臨終に異端者を迎えて入信したとされたが、その唯一人の証言者はとうてい目撃できない場所にいたので、審問官が威迫を加えて偽りの証言を強いているというのである。大司教の調査は申し立ての正しいことを発見し、判決と文書の破棄、審問官の解職を法王庁に働きかけるが、これは結局不成功に終わった。

ただし、この段階の問題は十三世紀前半に見られたような異端狩りの熱狂、無差別に流れがちだった迫害とはやや性格が違うように思われる。むしろ確立した制度のなかでの逸脱である。

使徒といえども

一連の陳情や上訴の先頭に常に姿を見せたフランチェスコ会士が一人いる。カルカッソンヌのフランチェスコ会僧院で神学を講じていたベルナール・デリシューである。抜群の説教師で、その熱弁は女たちの涙を絞り、男たちを街頭行動に駆り立てる力があった。ラモン・リュルとも交渉があったというから新しい思想の動きにも敏感だった模様だが、異端への同情や共鳴とは無縁である。ただ不当な迫害を見過ごしにできない正義感の持主だったらしく、F・ニールの表現を借りれば、「護民官めいた」気質だったということになる。街頭でも演説したし、国王や法王庁への使者にも立った。一三〇一年には国王を動かしてついに改革監察使二名の現地派遣を獲得した。

改革監察使はトゥールーズを拠点に活動し、特に異端審問官フルク・ド・サンジョルジュの不当拷問、財産掠取、婦女誘惑の風評を精査した末告発した。アルビ司教ベルナール・

ド・カスタネもわざわざトゥールーズに出向いて弁明した末、不当に収納した二万リーヴルを国庫に移管させられた。改革監察使の活動の結果は同年末の国王書簡に結晶するが、これは異端審問官フルク・ド・サンジョルジュの罷免《ひめん》という前代未聞の処置を含んでいた。「臣民の申し立てを憂え、人間の心情にとって厭《いと》うべき罪をも含めてフルクは責めありと確信する。この者は誅求《ちゅうきゅう》と抑圧により人民を苦しめた」。

一三〇三年の末、フランス王フィリップ端麗《ル・ベル》の南部巡幸に際しては陳情団が殺到し、ベルナール・デリシューと改革監察使ジャン・ド・ピキニイがその斡旋《あっせん》と代弁をつとめた。ベルナール・デリシューが、「現今の異端審問をもってすれば、使徒ペテロもパオロも異端として断罪されるだろう」と言ったのはこの時のことである。翌年年頭の勅令は、異端審問による囚人は司教と国王役人が審問官立会いのもとに査察すること、判決に当っては審問官と司教が協議すること、ただしアルビの場合は司教が非難の当事者なのでシトー会フォンフロワッド修道院長が代行すること、を定めた。

異端審問是正の動きはこうして大勢を制するかに見えたのだが、カルカッソンヌが尖鋭化して、執政《コンシュル》たちがフランス王権を否認し、アラゴン王ハイメ二世の三男、まだ幼年のフェルディナンドを推戴しようと工作したこと、それにもましてローマ法王の座に一ドミニコ会士が挙げられてベネディクトゥス十一世と称したことが、大きな転機をもたらした。その次代法王クレメンス五世のもとで枢機卿たちによる南フランス異端審問の調査は再開されるのだが、カルカッソンヌの執政八名は全員絞首刑となり、ベルナール・デリシューは完全に地歩を失った。彼はアルビ市民の陳情に付き添ってパリに滞在中、拘束されて当時リヨンにいた法王のもとに護送される。いったんは釈放されたものの、一三一三年異端審問の妨害と法王「毒殺」未遂の嫌疑で改めて告発され、結局一三二〇年カルカッソンヌの異端審問の牢で獄死した。

コアック、コアック

こうして異端審問は、若干の弊害の矯正を別にすれば、一三〇〇年前後の一連の危機を乗り切ったのだ。だいたい、動きのなかにも弊害や逸脱への憎悪はあっても、異端審問の制度そのものの廃絶は問題になっていない。事態が一応の沈静を見た後、ドミニカン側の報復は執拗だった。騒乱の舞台となった都市に聖堂の補修や増築その他の償いが課され、行動の首謀者と見られた市民が次々に告発されたのはいうまでもない。

エムリック・カステルは逃走中を捕縛され、長期間の投獄の末に巨額の財産を没収された。一三二〇年代になって彼からの没収財産を国庫に収納した記録がある。一三二九年になって、彼の両親の骨が焼却されている。審問官側の執念深さを見るべきである。改革監察使として住民の肩を持ったジャン・ド・ピキニイは異端審問官によって破門され、これを不当として法王庁に訴え出て結局イタリアに客死する。クレメンス五世によって名誉回復の措置が取られたが、それでも審問官ジョッフロワ・ダブリは彼の骨を掘り起こして焼けと主張して止まなかった。これに対して、異端審問官を解任されアヴィニョンの僧院長に転じた後、リヨンで死んだフルク・ド・サンジョルジュをドミニコ会はほとんど殉教者として扱った。

ベルナール・ギーは一二九七年から一三〇一年までカルカッソンヌに在勤しているから、激動の渦に翻弄されたことはまず間違いない。彼には『トゥールーズ管区説教僧団諸僧院の歴史』という著述があって、このアルビ・カルカッソンヌ騒乱を詳しく記述しているのだが、そこではドミニコ会に敵対する者に露骨な憎悪を隠していない。ことあるごとに往年の敵の悲惨な末路に言及するのだ。「ドミニコ会士にむかってコアック、コアックと鴉《からす》のように喚き立てた者どもは、ついに鴉の餌食となった」。これは公道の傍らで絞首されたカルカッソンヌの執政たちに関する記事で、この時エムリック・カステルが処刑を免れたのをはなはだしく遺憾としている。

今一人の改革監察使だったリシャール・ルヌヴーは、後にベジエ司教となったが、「癩《レプラ》に罹病して死んだ」。快とせんばかりの書き方である。ベルナール・デリシュー事件に関連して生じたフランチェスコ会との確執については「宗教の名誉のために」敢えて触れていない。国王のトゥールーズ通過についても故意に沈黙している。実は、彼の文章は感情表出や文飾の少ない、どちらかと言えば無味乾燥な実務記録風のものばかりなのだがこの件の記事ばかりは例外である。おそらくドミニコ会全体の空気を反映しているものと思われる。

記録魔

しかし、ギーが後世に名を残したのは、僧団内部の管理面での功績のためではない。長期にわたって異端審問官の職にあったのもさることながら、端的に言えば彼が物書きであって多くの著述を残したからである。記録の収集と執筆は彼の天性ともいうべきもので、あの繁忙な院長職歴任時代、すでに僧団の歴史に関する資料を収集して、一三〇四年にはその集成をドミニコ会総長に献呈している。『異端審問の実務』はあまりにも有名だが、そのほかに前述の『トゥールーズ管区説教僧団諸僧院の歴史』をはじめ多くの記録、とりわけ大部の『年代記の華』や『聖徳の鏡』がある。

晩年、司教としてロデーヴに赴任するや早々に、全五巻におよぶ『ロデーヴ教会文書集』、通称「緑表紙本」を編纂した。大革命の時に破棄されてしまったが、十六世紀につくられたその抜粋縮約本が残っていて原形をうかがうことができる。司教座教会の土地財産や特権関係の書類をまとめたのが第一巻から第四巻までで、特に「権利の書」と銘うった第五巻は国王の発行した証書、それに彼自身の特許状、それに彼自身の記事で終わる「歴代ロデーヴ司教誌」と題する同教会の歴史まで含んでいる。『ロデーヴ司教区教会会議決議集』も彼の編集である。

これらは実務面が卓越する書物だが、新たに書下ろして旧著の『聖徳の鏡』に編入した

「聖フルール伝」と「聖フュルカン伝」は、伝説のロデーヴ教会創設者と現地で信仰を集める地域の聖者の伝記である。そのほか『ローマ法王一覧』や『ローマ皇帝一覧』、『歴代フランス王年誌』、『フランス王系譜』、はては神学書『信仰箇条小論』まで執筆している。さらに旧著のすべてにわたって加筆増補をしている。

　憑《つ》かれたような執筆欲としかいいようがない。記録を見れば集めて保存せずにはいられない。何か書類を見れば書き直さずにはいられない、そのような性格の持主だったのであろう。総じてこの時代の異端審問は書類と記録に強くこだわる傾向があるが、ベルナール・ギーはまさにその典型である。ただ、彼の作品はいずれも実用的な性格を最後まで払拭し切っていない。もっとも実用性の薄いはずの『年代記の華』にしても、そのもっとも重要な部分はブルゴーニュの霊場ヴェズレーの繁栄を一挙に奪い去ることになる、プロヴァンスのサン・マクシマンにおける聖女マリア・マグダレーナ遺骨の発見報告だが、新霊場の守護を買って出たのはドミニコ会だったのだ。

異端者の火刑（ベルナール・ギーの著作写本より。Bernardus Guidonis, *Fleurs des chroniques*, Paris: après 1384. Besançon - BM - ms. 0677, f. 103v）

つかみにくい実像

ところで、彼自身について書かれたものがほとんどないのは皮肉である。わずかに、紙数たかだか数葉の『ベルナール・ギー猊下略伝』なるものがあるに過ぎない。筆者の名は挙げられていないが、本人の甥で同じくドミニコ会士、後にトゥールーズ管区長となったピエール・ギーが書いたものと推定されている。というのは、ピエールは『聖徳の鏡』の熱心な推奨者でその普及に努力した人物だったし、『聖徳の鏡』のいくつかの写本に『略伝』が序文として附けられているからだ。そこでギーは「大いなる見識、豊かな経験、深き熟慮、揺ぎなき信仰」、「謙遜で思いやり深い」人として描かれている。奇蹟譚めいた記事すらあるので、ギーはほとんど聖人に近い。

「その夜、リモージュの院長であった会士トーマ・ル・ノルマンが会堂で徹宵《てっしょう》して祈っていて、不思議な光明を目撃した。それは院長席から発して内陣を通り、長老たちの大祭壇へと移り、そこで消えた。何を意味するのかと大いに訝ったが、知ることができないでいるところへ、夜が明けてロデーヴから使者が到着して、猊下の訃報を伝えた」。『薔薇の名前』のギーとは雲泥の差だ。リモージュはベルナール・ギーの故郷、そして一度は院長を務めたことのある僧院である。

『略伝』が文章の性格上過褒《かほう》であるのは明らかで、異端審問官としても「常に温容、よく事情を察した」かどうか、にわかに信じるわけにはいかないだろう。それにしても、ギーの実像はひどくつかみにくい。

ギーの異端審問

一三〇七年ギーは異端審問官に任命される。「トゥールーズの異端審問官たりしことおよそ十八年」（『略伝』）。ただし、その間にもトゥールーズ管区の代表としてパドゥアの僧団総会に出席したこともあるし、アヴィニョンの法王庁に詰めたこともあって、一三〇八年三月が彼の最初の審問だが、一三二三年六月の最後の判決までの間、一三一四年、一五年、一七年、一八年、二〇年は審問官として活動した形跡がない。

彼の判決を集めた、それもおそらく彼自身が集めたものが残っている。いわゆる『トゥールーズ判決集』で、フィリップ・リンボルクが一六九二年に公刊した。C・ドゥエーの計算によれば、彼が判決を宣したのは九百三十人。うち八十九人は故人、四十人は逃亡中である。生存者で火刑が四十二人。投獄が三百七人となっていて、大半は巡礼、あるいは十字の着用である。

現代の基準からすれば、信仰が少々違うということで断罪したのを残酷でないとは言えないが、個人の性格として冷血酷薄だったというのとは少し違うように思われる。小説や映画の事実関係を論じるのも野暮なことだが、少なくとも映画『薔薇の名前』にあるような、手当り次第に火焙りにしたがる殺人狂でなかったことは確からしい。彼自身、人を裁くことの難しさを嘆じた文章を残している。「自供を得ないまま、あるいは異端を立証できないままに罰を与えるならば、異端審問官は良心に苦しめられるであろう。他方、経験を積んで彼らの欺瞞、狡猾、悪意を知るに従い、悩みが深まる。狐の悪知恵でもって異端者が懲罰を免れるならば、信仰のために大害となるであろう」(『異端審問の実務』)。これとて常套句なのかも知れないが、異端を教会と社会に対する犯罪とする前提に立つ制度のなかでは、それなりに「良識的」なのだ。後年、異端審問官を退いた後の司教時代は、彼自身の記録が多いせいで比較的よくわかるのだが、それが彼の人物を知る手がかりになるだろう。

司教としてのギー

一三二三年、ギーはテュイの司教に叙任された。スペインのカスティリャ、コンポステラ大司教区管内の司教座である。ただし、実際に赴任した形跡はない。その後もアヴィニョンの法王庁にいて著作をヨハネス二十二世に献呈しているからである。

追いかけるように翌一三二四年七月、ロデーヴ司教に転任を命じられた。南フランス、山間の貧しく小さな司教区である。彼自身の記録には「わずか六十一教区しかない」とある(『ロデーヴ司教区諸教会の現状』)。要するに集落数十にすぎないということだ。着任は同年秋。「慣例のごとく参事会員、聖職者、信者大衆の行列をもって迎えられた。時に十月七日、日曜日、同大聖堂奉献の祝日であった」（「歴代ロデーヴ司教誌」）。

司教区は数年来の異端ベガン派に対する苛烈な弾圧のせいもあって荒廃し、管内の僧院や教会に対する司教の統制もゆるんでいた。前任司教が現地に赴任しなかったことも手伝っている。ギーにとっては民心のみならず管下聖職者の掌握と、司教座の世俗財産の管理再建が急務であった。着任早々、ギーは管内を巡視する。その詳細な実地視察記録が先に引いた『ロデーヴ司教区諸教会の現状』にほかならない。山奥のサン・ヴァンサン・ド・マゾーヌは「冬季には近寄りがたい」とあるから、労をいとわず実際に踏査したらしい。

彼は聖職者に規律を求める。そのための手段は何よりも司教区会議だった。例えば一三二五年の決議は、高利の禁止、教会収入の確保、敬虔による教会への遺贈の扱い、破門・宗務停止の規定等々、すこぶる多岐にわたり、鐘鳴の規則にまで及んでいる。聖務の刻限ごとに全教会は鐘を鳴らし、そのつど主の祈りとアヴェ・マリアを各一回唱える者には贖宥を与える、というのだ。そして「およそ聖職者たる者はすべて、決議の精神を体して一般信者の模範たるべし」というのである。

これに対する反応は知ることができない。ただ、司教座の権利を貫徹しようとする姿勢は明らかである。ロデーヴにあるベネディクト派のサン・ソーヴール修道院は、文書によると免属特権、つまり司教の監督を免れて法王に直属する特権をもっていないことが判明した。そこで「院長は司教の承認のもとに選出、叙任されねばならない。新院長は司教に服従と誠実を誓い、全所領の確認を受け、金貨一デナリウスを司教座聖堂に納める。教会会議においては、院長は式服着用の上司教の右に着座する」ことを認めさせた。

管内ネビアンなる地に聖ヨハネ救護者団の領地があり、団つきの司祭が教区司祭を兼ねていた。ところが免属特権を理由に教会会議に出席しない。教区司祭たる資格においては会議出席や聖木曜日の儀典に参加する義務ありとして、一三二六年の聖木曜日のミサへの参加を命じ、違反の場合には規定の過料五ソリディを通告した。団がこれを無視したためギーは司祭を破門、その地の宗務停止を宣言した。団は法王に訴え出たが、ギーは会議で免属特権は団に帰するのであって教区司祭たるかぎり司牧に関して司教の裁治権に服すべきであると譲らなかった。この件はギーの死後になって司教側の言い分が通った。

意志と秩序

司教座の世俗財産に関しても譲ることはなかった。特に司教座の家臣たちとの従来からの紛争を解決した。彼の着任当時、ロデーヴ市民は自治権の象徴たる執政制の設置を要求して動揺していたが、これを拒否、領主たる司教に対する誠実宣誓の儀式に倍旧の厳粛さを強要、一三二五年三月二十四日、大聖堂に近いサン・ジュニエス墓地に十四歳以上の全男子市民およそ九百四十名を召集して服従を誓わせた。

国王役人による特権侵害に対しては数件にわたって抗議し、この面での成果にはいちじるしいものがあった。例えば、司教が悪質な債務者を通称マラパーガなる牢獄に収監する慣習に、国王の奉行《セネシャル》が故障を唱えたのに対して強く抵抗し、高等法院《パルルマン》から司教のマラパーガ使用権、従って人身拘束権の確認を獲得した。また古い特許文書を盾にとって、司教区内での国王課税の徴収取り止めをフィリップ六世から獲得した。

司教の城砦の建造、ロデーヴ・モンブラン街道の開削、大聖堂改築の準備など造営関係にもそれなりの実績を残したが、異端の追及に手を染めた形跡はない。ただ、当時の癩《らい》患者迫害の風潮に加担したらしい。患者たちが井戸を汚染したという「恐るべき犯罪のゆえに、司教により彼らの財産を差押え、厳罰に処された」。これに対して国王が介入して、癩患者の復権と財産回復を命じている。

八年未満の在任期間にしては、かなり積極的な活動である。少なくとも、この間の文筆活動をもあわせると、精力的な活動と言えるだろう。そこにうかがわれるのは、何よりも意志の強さと保守的な秩序感覚であろう。そして主張を貫徹するに当って、その方法は常に組織的な文書や記録の精査であった。これが、十四世紀初頭、異端審問が制度的に確立した頃の、代表的な異端審問官の推察し得るかぎりの人物像である。

一三三二年一月、ベルナール・ギーはロデーヴ司教として死んだ。七十歳あるいは七十一歳であった。「ロデーヴ大聖堂で厳粛な葬儀を営んだのち、遺骸は生前の指示のままにリモージュに運ばれ、説教僧団の僧院に埋葬された」（『略伝』）。

第六章　裁かれる者たち

審問の記録

ベルナール・ギーの時代は、特に記録が豊富な時期に属する。もちろん、異端審問の制度化が進んだことと無関係ではない。『ニコラ・ダッブヴィル審問録』（一二九九―一三〇〇年、アルビ）。『ジョッフロワ・ダブリ審問録』（一三〇八―〇九年、カルカッソンヌ）。前述したベルナール・ギーの『トゥールーズ判決集』。パミエ司教（後のローマ法王ベネディクトゥス十二世）の『ジャック・フルニエ審問録』（一三一八―二五年、パミエ）がある。さしあたり、『ジョッフロワ・ダブリ審問録』の記事を手がかりに見ていきたい。

異端審問官ジョッフロワ・ダブリは、ベルナール・ギーと同時代、ギーがトゥールーズで活動したのに対して、彼はカルカッソンヌを拠点にした。たがいに相手の審理や宣告に立会人として名を連ねている場合があるから、二人はいわば同役であった。「大いなる徳の体現者、いささかも心の弱さをもたぬ人物」とは、ギーがジョッフロワを賞賛した言葉である。北フランス、シャルトル地方出身のドミニコ会士。会士の神学教育に携わっていたが、一三〇三年異端審問官を命じられてカルカッソンヌに乗り込んだ。

当時カルカッソンヌは異端審問とドミニコ会に対する反感が渦を巻いていた。ギーとの友情が生まれたとすれば、この時であろう。着任早々、弾劾の嵐を物ともせずアルビでは捕縛を強行したし、カルカッソンヌでは国王役人ジャン・ド・ピキニイを破門した。ギーは彼の不撓不屈《ふとうふくつ》の意志を審問官の鑑《かがみ》だと追悼文のなかで賞賛したのだが、異端側から見れば不倶戴天の仇敵である。ジョッフロワが病死した時、寝床の枕元と足元に真っ黒な猫が一匹ずつ座っていた、これこそ生涯彼を動かしていた悪霊にほかならない、という噂が異端帰依者たちの間に流れていたという。

ジョッフロワ・ダブリの審問記録は一部分、一三〇八年から一三〇九年にかけての供述十七名分だけが残っている。もちろん異端審問所属の公証人が作成したものだが、なかに一人だけ、被告自身が筆記したとあるものがある。タラスコンのピエール・ド・ガイヤックがその被告で、これは公証人で読み書きができたからだが、それにしても珍しい例である。

司教ジャック・フルニエ

『ジャック・フルニエ審問録』はあまりにも有名だ。法王の位に登った時、司教がこれを携えてアヴィニョンに入ったため、やがて、ヴァティカンの書庫に秘蔵され、今日まで全文が残るという幸運に恵まれた。速記風に供述の全文を記録したらしく、おそろしく詳しい。べルナール・ギーが「多くの質問を浴びせるにしても、全部を記録するのは適当でない。事実の本質に触れる可能性の高いもののみを記録するのがよい」。なぜなら「あまりに膨大な記録に作られてしまうと」、「多くの供述をたがいに照合することが難しくなる」（『異端審問の実務』）、要は互いに照合して曖昧な供述を突きくずし、ひいては芋蔓《いもづる》式に次の容疑者を手繰りだすための資料だから、検索に便利な分量にとどめよといったのだ。この基準から見れば、これは明らかに不出来な記録である。

しかし、審問官にとっては不出来でも、歴史にとってこれくらい貴重な史料は珍しい。だいたい、中世、よほど高貴な身分の人でもなければ、私生活が記録されるなどということはまずあり得ない。ところが異端審問は身分の高下を問わない。信仰に疑点があるとなれば、ライフ・ヒストリーを徹底的に洗い出した。ル・ロワ・ラデュリが『モンタイユー』で山村の生活、村内の政治力学、人間関係、さらには生活感情まで再構成して、長い間紙束のなかに眠っていた人名に命を吹き込んだ時の史料がこれだった。

偽使徒派とベガン派

ここで十四世紀初め、ベルナール・ギーの時代の南フランスの異端状況を一瞥《いちべつ》しておく。アルビジョア十字軍の頃からは一世紀も経過しているのだから当然、事情も変わっている。まず新しい異端の登場がある。ギーの『異端審問の実務』は新顔の異端として、偽使徒派とベガン派の危険を強調している。

偽使徒派はドルチノ派といった方がわかりやすい。開祖パルマのジェラルド・セガレッリが一三〇〇年に火焙りになった後、その弟子ノヴァラのドルチノが教勢を伸ばしたが、追随者もろとも殲滅《せんめつ》された。ギーの要約したところによれば「教会のなか、祭壇の前、あるいは公共の広場で同派の者立会いのもとに、無一物のしるしとして着衣を脱ぎ捨てる。全財を放棄して清貧の徳の証《あかし》とする。以後は金銭を受領しても、所有しても、携帯してもいけない。人々が進んで供する食物で生きるのである。翌日のために何一つ留保してもいけない」。使徒と同等になったと自任して「神以外の何びとにも服従しない」。当然、ローマ教会も認めない。

ベガン派も「一三一五年前後に暴露され始めた」というから新しい異端である。この地方では一三二二年、『トゥールーズ判決集』に初めてその名が出る。「ベガン（ベクィニ）というは俗称であって、彼ら自身は聖フランチェスコの第三戒律を奉じる悔悛の貧しき兄弟と号する」。フランチェスコ会は清貧の観念の捉え方をめぐって内部が揺れ動いたが、これはその分派が異端化した例である。

両派とも清貧運動が根本的な成立基盤で、その点ではワルドー派などとも共通しているが、独自の終末観（あるいは歴史観）に染められていたり、黙示録の影響が顕著だったりする点に特徴がある。偽使徒派ではドルチノの書いた予言の書が行なわれていたし、ベガン派はフランチェスコ会士ピエール・ジャン・オリユーの『黙示録注解』を金科玉条としていた。

審問官の側からは、偽使徒派の方が断然扱いにくい。彼らも福音書の文言に拘泥して宣誓を許さないのだが、信仰は「心に信じれば十分」なのだから、審問官の前で宣誓してもかまわないと考えたらしい。「強制されたら宣誓してもよい。ただし、言葉で誓ってもよいのであって、心は離れていなければならない」。「真実を述べるむね宣誓したところで、自分たちの教理や誤謬を打ち明ける必要はまったくない。心に信じていれば十分である」。「心に留保していさえすれば否認しても嘘をついてもよい」。審問官の前に引き出された者が韜晦《とうかい》あるいは欺瞞を用いるのはごく普通のことだが、彼らの場合は個々的な反応ではなくて原理的にそうなのだ。これは何度もてこずらされたギーの体験であろう。

カタリ派の再生

伝統的な異端、カタリ派やワルドー派もまだ後を絶ってはいない。『トゥールーズ判決集』などで見る限り、ベルナール・ギーの危機感にもかかわらず偽使徒派やベガン派は少数で、カタリ派が依然として多数を占める。むろん、この段階では公然活動の余地などはなく地下に潜伏しているのだが、一部に勢力再生の現象すら見られたのである。

主な舞台はカルカッソンヌやトゥールーズの南、オード河上流やアリエージュ渓谷、つまりピレネー山脈北斜面の山村地帯だった。もともとカタリ派の浸潤地区だったのだが、にわかに息を吹き返したのは、アックス・レ・テルムの公証人ピエール・オーティエという人物の活動に負うている。同地の、そして同名のピエール・オーティエという人物が一二三〇年代の異端関係の記録に出ていて、我々のピエール・オーティエの祖父だと推測されているから、オーティエ家のカタリ派とのかかわりは一朝一夕のものではない。

公証人ピエール・オーティエは発心してイタリアに出発した。まだロンバルディアにはカタリ派の教団が健在だったから、そこで教義を学び正式の異端者にしてもらおうというのだ。その時すでにピエールはかなりの年配だったという。それが一二九五年の秋のことである。というのは近くのタラスコンで聖ミカエル祭に開かれた同年の定期市で羊の群れを売り払うのが目撃されているので、この時路銀を調えたと思われるからだ。

なおタラスコンといえばアルフォンス・ドーデがプロヴァンス気質を面白おかしく描きだした一連の「タルタランもの」の舞台、ローヌ河に臨むタラスコンが有名だが、これは先にも言ったピレネー北斜面のタラスコンである。零細な山村の散在するこの辺りでは、アックス・レ・テルムとともにちょっとした町で、結構人の往来もあったところだ。

ピエール・オーティエのロンバルディア行には、兄弟（おそらく弟）のギヨーム・オーティエと息子のジャックも同行した。一行の帰郷は一二九九年。たちまち山野を跋渉《ばっしょう》して精力的な伝道を開始した。オーティエ家が山国での名望家だったせいもあるのだろうが、ここにカタリ派の復興が成ったのである。

ジョッフロワ・ダブリの探索

異端審問の方では一三〇〇年には彼の活動を察知していたらしいが、神出鬼没で手の下しようがなかった。一三〇五年九月、内通者が現われる。ギヨーム・ペイルなる者が病人が待っていると称してピエール・オーティエの息子ジャックと腹心アンドレ・タヴェルニエの二異端者をリムーにおびき出して、異端審問官ジョッフロワ・ダブリの手に渡したのである。両人はカルカッソンヌに収監された。ここで貴重な情報が得られるはずだったのだが、数日後に両人とも脱走した。

奇妙なことだが、異端審問関係の記録には、牢獄の厳重さと不衛生さを示す記事が多い一方、脱獄への言及がかなり多い。手引きする者がいたことは当然考えられるが、基本的には組織的な牢舎建設がなくて応急に転用された建物が多かったということだろうと思われる。

それでも、この事件がカルカッソンヌとトゥールーズの、つまりジョッフロワ・ダブリとベルナール・ギーの関心をあらためて喚起したことは間違いない。ジョッフロワ・ダブリの探索のうち残っている記録は一三〇八年五月から翌年九月までの分、つまり今日『ジョッフロワ・ダブリ審問録』にまとめられている分だけだが、被告ないし証人にピエール・オーティエの親戚知友が多いだけでなく、尋問の内容を見ても焦点は明確にピエール・オーティエ一味の行動に合わせられているのだ。

「およそ八年前のある日、異端者になったという噂のアックスのピエール・オーティエとギヨーム・オーティエの兄弟が帰郷して国にいると、夫のギヨーム・ド・ロードから聞いたのであります。夫は二人に会って異端者になったというが本当かどうか知りたい、異端者になったのであれば改宗するように勧めたい、と申したのであります。そういうことであれば、私も二人に会ってみたいと答えたのであります。その後数日して、聖霊降臨祭と聖ヨハネ祭の間のある日の夕方、人々が食事を終わって床に就く頃、上述異端者らの兄弟レモン・オーティエならびに上述ピエール・オーティエの私生子ボン・ギヨームがお城の側の家に二人を連れて参ったのであります。異端者らはほぼ二週間滞在いたし、家で食事もいたしたのであります」。

「同じ年、聖ミカエル祭の頃のある夜、上述異端者らがタラスコンの私どもの家に来たのでありります。案内して来たのは誰かと尋問したところ、覚えておりませぬ、と答えた。長く滞在したかと尋問したところ、一週間ほどでありました、と答えた。異端者らに会いに証人の家に集ったのは誰々かと尋問したところ、次の者たちの名を挙げた」。「異端者らが立ち去った時、誰が案内したかは思い出すことができませぬ」。

「日までは覚えておりませぬが、八年前のある日、ラバのフロールが訪ねて参り、どこへ行けば善きキリスト教徒すなわち異端者に会えるかと問うたのであります。同女の母ベルナルド・ミールが重病で、異端者らの信仰に受け入れてもらいたがっていると申したのであります。そこで、キエのギラモンが知っているはずだと教えたのであります。およそ三ヵ月の後、上述フロールが訪ねて参り、ギラモンの仲介で母親は臨終に異端者らと会い、その信仰に入れてもらったと申したのであります。その場に居合わせたのは誰々かと尋問したが、聞いていないと答えた」。

これは『ジョッフロワ・ダブリ審問録』に記録された、タラスコンのブランシュ・ド・ロードなる人物の供述の一部である。捕縛のうえ連行されて一三〇八年七月二十六日、カルカッソンヌの異端審問役所に出廷している。

尋問の順序

どの供述も判で押したように似た項目を語っているのは、もちろん尋問の要領を示す準則に従ったからだ。『異端審問の実務』が推奨する尋問の順序はこうなっている。「相手が異端者であると知りながら、もしくは異端者の噂のあるのを知りながら、異端者と会ったことがあるか。幾度会ったか。その時誰々と一緒だったか。それは何処《どこ》で、また何時《いつ》のことか。次に、その相手とは親しい関係にあったか、そうでなければ仲介者は誰か。次に、異端者を自宅に迎えたことがあるか。その異端者は誰で、また誰が案内して来たか、どのくらい滞在したか、その間に訪ねて来たのは誰か、異端者を案内して連れ去ったのは誰か、何処へ向かったか。次に、その者の説教を聞いたか。次に、彼らを礼拝したか。次に、彼らの祝福したパンを食したか、祝福の仕方はどうであったか。次に、コンヴェネンサの約定を結んだか。次に、異端の流儀で挨拶したか、また誰かが異端の流儀で挨拶するのを見たか。次に、誰かの異端入信に立会ったか、その時の異端者および列席者の名は何か、入信する病人が寝ていたのは家のどのあたりか、式はどのくらい続いたか、時刻は何時であったか、入信者は異端者に何か遺贈したか、何をどのくらい遺贈したか、誰がそれを実行したか、異端者を礼拝したか、入信者はそのまま死んだか、どこに埋葬したか、その時の異端者は誰が案内して来、誰が案内して去ったか」。コンヴェネンサとは、臨終の床で入信するという約束のことである。

異端との関わりの深浅を計るだけではない。このような供述を多数積み重ねれば、異端者の出没頻度の特に高い地区がおのずから浮かび上がってくるだろう。

ピエール・オーティエの捕縛

おそらくその結果の判断だろうが、一三〇九年にモンタイユー大捜索が行なわれる。モンタイユーは、今もそうだが当時も戸数五十前後、文字通りの山村である。この時、審問官ジョッフロワ・ダブリじきじきにカルカッソンヌから出張し、領主の手代として村を差配していた富農ベルナール・クレルグの家に本陣を置いた。非常呼集をかけて十四歳以上の村民全員を村の背後にある砦に集め、禁足を申し渡した。カルカッソンヌの異端審問官つき典獄ジャック・ド・ポロニャックも同行しているから、公証人も警護の兵士たちもいたに相違ない。エルメッサンド・マルティのように、時ならぬ騒動に恐慌を来たして逃亡する者のいたこともわかっている。

ジョッフロワ・ダブリは砦から一人一人本陣に呼び出して簡単な尋問を行い、ただちにカルカッソンヌに出頭すべき者、後日召喚あるべき者、構いなき者に選別して引き揚げた。この間の事情を記録した部分はジョッフロワ・ダブリ関係の書類には残っていないが、後年パミエ司教に再尋問された時の記録、例の『ジャック・フルニエ審問録』の供述からある程度のことは知られる。翌一三一〇年にかけてモンタイユーは文字通り非常事態だったのだが、概してカルカッソンヌは寛大だったらしい。召喚された者のうち投獄された者が絶無ではなかったにしても、有罪の者もほとんどが十字の着用その他の贖罪を命じられるにとどまっている。

ところで、異端審問官は多くの供述からついに首魁ピエール・オーティエの所在を洗い出した。一三〇九年八月十日ベルナール・ギーが捕縛の命令を発し、まもなく絞り切った網に身柄が落ちた。どのような尋問をしたかは知る術もないが、宣告は一三一一年四月九日、首魁の断罪にふさわしく儀式をもって人心にアピールすることを考慮したのであろう、『トゥールーズ判決集』に載っている該当文書では、審問官としてベルナール・ギーとジョッフロワ・ダブリの両名が宣告し、あまた現地の高僧や権力者たちが立会っている。ピエール・オーティエは最後まで自説をまげなかった。火刑台で、もし私に時間があれば審問官全員をもまことの信仰に導いたであろう、と言ったと伝えられる。

ピエール・オーティエ処刑の段階で、南フランス山間のカタリ派は実質的には峠を越えたと見てよいので、それから一世代後にはカタリ派は完全に歴史から姿を消す。さしあたってはまだ、残党もいれば秘かに心を寄せる者もいる。カルカッソンヌもトゥールーズも注目は怠らなかったものの、大きな動きを見せた気配はない。

しかし、一三一七年にパミエに着任した司教ジャック・フルニエは違っていた。後に聖ペテロの座にまで登ったほどの逸材ながら、南フランスの田舎町の出身で農村の事情は知悉《ちしつ》していた。異端根絶の決意をもって召喚につぐ召喚をもって村民に臨んだ。『ジャック・フルニエ審問録』からは異端帰依者が組織的に掃蕩されて行く過程が読み取れる。

ベルナール・クレルグの場合

異端審問官は圧倒的な権力をもって無抵抗の民衆に臨んだというのが、通常の理解である。そして、大筋においてそれはその通りなのだが、喚問される側でもひたすら恐れ入っている者ばかりではなかったので、強《したた》かな抗弁や術策を弄して審問官を翻弄する者に事欠きはしなかったのだ。

村役人ベルナール・クレルグのごときはその甚《はなは》だしいものである。ジョッフロワ・ダブリのモンタイユーの大捜索の時には屋敷を提供するほか何かと異端審問官に協力したが、実はその兄弟の司祭ピエール・クレルグとともに異端者と密接な関係を持つ人物だった。一三一〇年、召喚されもしないのにカルカッソンヌに出向いて自発的に供述している。さきに村内の妻の実家――当時は婚約者だったレモンド・ブロの家を訪ねた折にそこで異端者を見たことがある、もっぱら婚約者の顔が見たくて出かけたので異端者に会いに行ったのではない、その時はまだ村役を仰せつかっていなかったので報告する義務に思い至らなかった、と言ったのである。普通なら審問官が納得するはずのない説明だが、ジョッフロワ・ダブリは不問に付した。それは彼が隣人村民の多くを密告したからにほかならない。こうして、彼はいわばカルカッソンヌの異端審問との良好な関係を振りかざして村内に威圧を加えることに成功したのだ。

パミエ司教ジャック・フルニエは、彼が異端審問を欺いていると確信していた。およそ、十年たった一三二一年、まず彼の兄弟たる司祭ピエール・クレルグを勾引監禁した。すると、ベルナールはただちにカルカッソンヌに走って自発的な供述をした。先の供述の後で「思い出したことがある」というのだ。もう審問官ジョッフロワ・ダブリは死んだ後だが、カルカッソンヌの好意を再確保することによってパミエを牽制し、兄弟の立場を有利に導こうとの計算である。

この前後の言動は、カルカッソンヌに同行した村民ベルナール・ブネの供述に詳細に述べられている。お前も一緒にカルカッソンヌに行って偽証してくれと圧力をかけられたというのだ。承知してくれれば今つけさせられている十字を赦《ゆる》してくれるように審問官に頼んでやるし、没収された畑や牧草地も取り返してやる、と約束した。自分は知りもしないことを供述するのはよくないからと断ったが、結局承知した。カルカッソンヌに着くと自分はすぐさま審問官のもとに出頭して供述したが、これを聞いてベルナール・クレルグはひどく驚き、そんなことを言ったのでは全部ぶち壊しだ、俺のいう通りに供述しなければ火焙りにされるぞ、と怒った。そこで翌日再度出頭して、言われた通りに供述してきた。そして、カルカッソンヌでの供述は真実ではない、と白状している。

一三二一年五月二十二日、パミエ司教はついにベルナール・クレルグに手をつけた。召喚を無視したので強制連行され、即刻破門される。尋問に対してはさきのカルカッソンヌでの供述を反復した。ブロ家で異端者ギヨーム・オーティエを見たのは事実だが、自分は婚約者への愛情から同家を訪ねたにすぎない。二十六日の尋問では、その時同家に葡萄酒と小麦を持参したが、それが異端者に供されるだろうことはあらかじめ知っていた、と後退している。

しばらく放置した後、同年十一月二日の尋問には、司教ジャック・フルニエとカルカッソンヌから出張してきた審問官代理の二人が当った。追加して供述することはないと答えた。パミエはすでに多くの被告や証人から情報を得ていて、有罪については確信をもっていたはずなのだが、保釈金を要求し、カトリック信仰を宣誓させ、贖罪を命じて彼を釈放した。ベルナール・クレルグが再び虎口《ここう》を脱したと思ったとしても無理はない。彼は今までの監禁中に囚人どうし自由に会話できたのを利用して、同囚に盛んに圧力をかけて証言を左右させようとしていた。しかも、司教側がこれを摑んでいることに気づかなかった。

一年後の一三二二年十一月二十三日、彼はまたしてもパミエに召喚され、繰り返し供述を求められた。十二月九日の審理では先の証言の記録を読み聞かされた。年が変わって一三二三年二月三日と九日の尋問には何も答えなかった。弁護人をつけられ、一昼夜の熟考を命じられる。異端審問の手続きでは、いくつかの条件を充たせば弁護人をつけることができたのは事実である。しかし、異端の弁護はただちに異端であるという原則は動かない。その役目は「被告人に自白と悔悛を勧めること、犯した罪の償いを勧めること」（ペーニャ『異端審問官の指針・注解』）なのだから、いわば尋問の別働隊なのだが、そのような弁護人すら実例としてはきわめて稀《まれ》である。

翌日の審理で彼は不利な証言をした証人の名を明かすよう要求したが、一も二もなく拒否される。理由は報復の予防で、これは異端審問が一貫して譲らなかった原則だが、ここに通常の裁判との大きな相違点がある。ベルナール・クレルグは反論は一切しないむねを述べて教会の慈悲を乞うた。さすがの彼も気力が尽きたのであろう。次回は三月十二日に出廷を命じてこの日は終わり、彼は村に帰った。

問題の三月十二日、彼は姿を見せなかった。三十一日になって兄弟のレモン・クレルグが出頭して本人病気と届出た。ようやく本人が法廷に現われたのは、翌一三二四年の八月七日。ここで従来の供述の確認が命じられる。同月十三日、判決が言い渡された。「狭き壁。パンと水」であった。

異端審問が長期にわたって執拗な追及を続け、ベルナール・クレルグの方でも低次元の弁明や証言工作からカルカッソンヌとパミエの双方を手玉に取ろうという高等手段にいたるまで絶えず対策を講じているのは、やはり一つの驚きである。

カルカッソンヌの審問塔

ベルナール・クレルグが特別の例なのは事実だが、この段階の異端審問では総じて審理期間が長いし、同一人の審理も数回にわたっている。これは疎漏のない手続きを積み重ねることによって微動だにしない結論に到達したいという方針の表れで、後に見るように書類の上で念には念を入れるやりかたも、同じ意志の表れだ。

先に引いたブランシュ・ド・ロードも、第一回の審問からほぼ九ヵ月も経過した一三〇九年四月十九日に再度引き出されている。「私、公証人ピエール・ブエは先の供述を声高《こわだか》に、しかも明瞭に本人に読み聞かせた」。その確認を求めた上で、補足させ、さらに「後日ほかにも異端事項に関し思い出すことがあれば、告白するむね確認」させている。

長期にわたって審理するのは、即決を避けるという意味では良心的でないとはいえないのだが、裏面がある。つまり両刃の剣なのだ。あからさまな拷問ではないにしても長期間の審理はそれだけで拷問と同じ効果を発揮する。

ベルナール・ギーも、そのことをよく認識していた。被告は「釈放してはならない。獄に繋ぐべきである。苦痛が心を開かせるからだ」。「しばしば経験したところだが、多年にわたる拘束と苦行の結果、ついには自白に至る。それも三十年、四十年、あるいはそれ以上も昔の事実を自白する」（『異端審問の実務』）。裏で何が行なわれたか供述書の文面に表れることはないが、時を隔てて審理の回数を重ねるたびに「思い出したこと」が追加される例が多いことに、想到せずにはいられない。独房の暗闇に繋いで食事や運動や睡眠や接見を制限するのが効果的だったのはいうまでもないが、審問役所の門前に引き据えるだけでも奏効したらしい。

『トゥールーズ判決集』に何度か繰り返されている表現がある。何某は「初め自白を肯《がえ》んじなかった。次に、審問官の役所の玄関に繋いだところ」云々。「自白を望まなかったので、審問官の役所の玄関に繋ぎ、最後には獄舎に投じたところ」云々。

カルカッソンヌの中世遺構の一つ、名を聞くだに恐ろしい審問塔の上階監房には、それでも窓が二つある。その枠に「AESCAM（食べるものを）」と刻んだ文字が読み取れる。下階の監房には採光の設備はない。今も壁には鉄鎖が取り付けられたままだし、壁の微かな窪みは断罪を待つ囚人が背中を擦りつけた痕《あと》だと伝えられる。

法廷の攻防

一日の尋問でも、駆け引きはあった。『異端審問の実務』に、シナリオ風に審問官と異端者の応酬を再現した箇所がある。先行する伝ダーヴィット・フォン・アウグスブルクとエティエンヌ・ド・ブルボンの著作から抜粋し、ギーが自分の経験を加えて構成したものらしい。「まことしやかで奸計に満ちた返答」に、審問官が手を焼く様子がよくわかるので一部分を取り出してみる。

とにかくワルドー派は、いつも二重の意味で返答する、というのだ。「あたかも良心に何一つうしろ暗いところがないような顔をして、落着きはらって出廷する。捕らえられた理由を承知しているかと問うと、物静かに微笑すら浮かべて、審問官さま、教えて頂ければ有難い、という」。「信仰については、善き信者の信じることは全部信じています、と答える」。つまり「善き信者」というのは自分たちのことなのだ。

踏み込んで「善き信者とは何か」と聞けば、「聖なる教会の教える通りに信じる者」と答える。「しからば、聖なる教会とは」と聞けば、「審問官さま、あなた自身が聖なる教会と信じている教会であります」という。とうとう追い詰めたとばかりに、「法王と司教の権威のもとに統《す》べられる教会のことか」と追い打ちをかければ、「私はそう思うのであります」と返答する。ところが、これは「お前たち審問官がそう信じていると、私は思う」という意味で言っているにすぎないのだ。

聖体の秘蹟について尋問すると「信じなければならないのではありませぬか」と反問する。「そんなことを尋ねてはおらぬ。お前が信じているか否か聞いておるのだ」。「そのことなれば、教会の善き博士たちが信じよと命じる通りに信じるのであります」。むろん、善き博士たちとは「彼らの異端の導師のつもりで言っているのである」。

ギーはこう要約している。「彼らの用いる詭弁の第一は、語の両義性である」。「第二は、条件の導入である。神が善しとしたまうならば、などと答えるが、神が善しとしたまわぬことを確信しているのだ」。「第三は、質問に対して質問を提出することで、これこそ釘を打ち込んで古釘を抜くやり方にほかならない」。「人間が人間に死刑を宣告しても罪ではないと思うか、と聞くならば、審問官さまはどうお考えか、と反問する」。挙句の果てには、どちらが尋問しているのかわからなくなる。

そのほか泣き落としも用いる。「審問官さま、悪いことをしたのであれば喜んで償いを致します。ただ、今度のことだけは身に覚えがありませぬ。他人の嫉《ねた》みのせいで悪評を立てられたのであります。私は愚鈍で無学な人間であります。このように高級な質問を理解できるはずがありませぬ」。驚きや狂乱を装うこともある。「驚いた振りをし、ほとんど立腹せんばかりとなる。この信仰は間違いなのでありますか、などという」。

「嘘八百を開陳し、しかも笑《え》みを含んで話す者を度々見た」。「述べ切れないほどの策略――しかも毎日のように新手を考案するのだ――で誤魔化《ごまか》し、放免になろうとする。審問官の熱意を磨り減らし、追及を断念させようとする。一般俗人には、審問官が単純な人々を責め苛《さいな》んでいるように見えるかもしれない。悪辣な質問で彼らを破滅させようとしているように見えるかもしれない」。これはギーの嗟《さ》歎《たん》と危惧である。

拷問と陳述

苛立った審問官が拷問を用いたかどうか、記録からは知ることができない。それどころか、供述書には拷問によらない陳述であると明記してある。正確にいえば、拷問によらぬむねを被告に証言させている。前引ブランシュ・ド・ロードの供述の末尾はこうだ。「上記供述あるいはその一部が拷問の恐怖のもとになされたものであるか、と糾《ただ》したところ、そのようなことはないと答えた」。「また告白、供述、あるいはその追加を求めるために拷問が適用されたか、少なくとも拷問を示唆されたか、と糾したところ、否と答えた」。二度まで拷問を加えなかったことに言及している。自発的な証言の方が証拠能力が高いと考えていたのは明らかだが、異端審問と拷問は後世にはほとんど同義語に近い。

拷問は、インノケンティウス四世が勅令（一二五二年）で許可したのが最初で、アレクサンデル四世（一二五九年）とクレメンス四世（一二六五年）が繰り返し許可した。厳密にいえば、これらは世俗権力に対する訓令だったのだが、一二六二年にはウルバーヌス四世が異端審問における拷問を正式に認めた。しかも、その適用にあたって審問官は上長の許可を要しないとした。世間にこれが前代未聞の暴虐と受け取られたことは確かである。一二九七年の地方役人に対する国王の訓令には、異端審問の逸脱に触れて拷問を「新たな苦痛」と呼んでいるし、一三〇一年には直接異端審問官を、「わが臣民を前代未聞の苦痛に服せしめ」云々と非難している。

一三一一年、法王クレメンス五世は、審問官と司教の意見が一致した場合にかぎり拷問を用いることができると軌道を修正したのだが、現地の審問官は不満だった。ベルナール・ギーは「さしあたり拷問の適用は中止せねばならない」と書いている。一三一九年にはアルビの異端審問で、十数年前にした自供は「拷問によるものであるがゆえに」無効であると申し出た例がある。十四世紀初めには、拷問は行なわれてはいても心理的には十分定着するに至っていないと見てよいであろう。むろん、被告の長期間留置は別である。後にペーニャはいとも率直に、長期留置を拷問の一つに数えている（『異端審問官の指針・注解』）。

拷問の手順

しかし、拷問が次第に定着したのは疑いのないところで、およそ半世紀の後、エメリコの『異端審問官の指針』によれば、拷問の適用基準すらできているのだ。そこでは拷問に付し得る場合として、「尋問に対する返答が絶えず変動する者」、「異端の風評があって証人の不足する場合」など七要件が挙げてある。要するに決定的な自白が欠ける場合である。異端審問がことさら自白にこだわったのは、異端審問の本質にかかわることだが、単なる犯罪の処理、正義の回復でなく、被告を悔悛と誓絶に導くことを目的としたからで、だからこそ拷問も頻用したのだ。異端審問官が霊魂の裁判官、霊魂の救済者をもって任じたことの悲劇的な結果である。

適用を決定したら本人に通告する。「拷問を用いるに足る十分な理由の存することにかんがみ、汝を拷問に付す」。その後に、審問官の心得が示してある。「苦痛の実行を急いでいると見られてはならない。ほかに証拠がないことを見抜かれるからである」。「苦痛は軽度にとどめ、流血に至ってはならない。拷問による自供には虚偽が多く効果が少ないことを常に心得ておかねばならない」。恐怖のあまり犯してもいない罪を申し立てる者もいれば、いかなる苦痛にも屈しない豪傑もいるからだ。特に、魔法使いは無感覚になる術を使う。「彼らは自白する前に絶命するであろう」。

獄吏が準備をするのを見せながら、審問官は自発的な告白を勧告する。「同意しなければ、獄吏に命じて衣服を脱がせる。その間にも自白を勧告する。それでも肯じなければ全裸のまま別室に連行して、再度勧告する」。「勧告も約束も効果のないことが明らかとなれば執行するが、古来の拷問を用いるべきで、新案の方法や精妙な方法を用いるのはよろしくない。拷問の間に尋問を続行し、公証人が尋問と返答を記録する」。「節度正しい拷問にも自供せぬ場合には、別の型の道具を見せて、これらすべてにかけられることになると言い聞かせる」。苦痛の度合を上げていくのだ。頑強に沈黙すれば翌日にも翌々日にも繰り越されるが、実は一容疑に関して拷問は一回だけという原則がある。そこで、「再び始めるのではない。あくまでも継続するのだ」。

「拷問の後、拷問の気配のまったくない別の場所に連行して、拷問中になしたる自供の筆記を読み聞かせ、確認させる」。「被告が否認する場合、拷問の全過程が終了していなければ拷問を継続――再開でなく――する。終了していれば苦痛から解放する」。ついに自白しなかった場合、「被告が判決の確定を要求すれば、これを拒否することはできない。その時用うべき文言は次の通りである。本人の書類を精査したるに、問題の容疑について何一つ発見できなかった」。してみれば、少なくとも理論上、拷問はあくまでも最後の手段だったのだ。それに、最後に整理される書面からは拷問の文字が消えている。

しかしスペインの場合、乱用はとどまるところを知らなかったように見える。ペーニャはエメリコ以上に節度を要求している。「さまざまの種類の拷問方法を考案する審問官に事欠かない」が、「審問官たる者、新たな拷問を考え出すがごときことがあってはならない」。「私は残忍な異端審問官たちに反対する。彼らは法と羞恥心を蹂躙し、無防備な被告に、落命したり手足を砕くほどの苦痛を加える。釈放するにも処刑するにも、被告は五体健全でなければならないのだ」。

ペーニャにしても拷問を原則として否定するのでないので、節度を求めるだけである。「我らのもとでは五種類の拷問、五段階の苦痛を区分している。誰でも知っていることだから、ここでは述べないが、詳しいことはポール・グリランやジュール・クレールの著書を見るがよい」。拷問の専門書すら存在していたのだ。通例、五つの拷問といえば杖・綱・木馬・逆さ吊り・炭火であった。

審問官の勝利

「最後には真実が得られる」と、ベルナール・ギーは書いている。尋問の技術に関する自信である。ワルドー派は教義上から宣誓を避けたが、これを逆手に取ることもできた。「審問官さまがお命じになるなら誓いましょう」。「命じてはおらぬ」。「ならば、なぜ誓うので?」「嫌疑を払うためだ。お前は誓いは罪だと考えるワルドーの異端と見なされているのだ」。「どのように誓うので?」「お前の承知しておるやり方で誓うがよい」。「教えて頂かねば、わかりませぬ」。そこで誓いともいえないような言葉を唱える。

どう誤魔化しても、誓いまがいのことをしてしまえば、被告の心の傷にならぬはずがない。そこで審問官が傷口を広げるのだ。「お前は放免されたい一心で誓ったのだが、心得ておくがよい。私は一回の誓いでは満足せぬぞ。二回でも十回でも百回でも、それ以上でも、好きなだけ要求するつもりだ」。「お前は自分の信仰に叛《そむ》いて誓いを立て、良心を汚したのだから、もう逃れることはできないのだ」。

だいたい、審問官は被告を無期限に尋問することができたのだ。はなはだしい例を見れば、『トゥールーズ判決集』で一三一九年に終身投獄を宣告されたG・サラヴェールなる被告の第一回尋問は、実に一三〇一年のことであった。自白がなくとも、最低二名の証言があれば処断できたのだから、即審即決、手当たり次第に判決を下しそうなものだが、これだけ長期にわたっていることは異端審問の側にもそれなりに確証を得ようという姿勢のあったことを示しているかもしれない。

現に、偽証を却《しりぞ》けている例もある。同じ『トゥールーズ判決集』に出るケースだが、ある父親が息子に不利な証言をした。自分が病気だった時、息子が異端者を迎えて入信を勧めたと言ったのである。ベルナール・ギーは精査の結果、その時父親が病気でなかったことを確認して証言を却下した。

ともあれ、「最後には」云々は、普通の裁判と異なる異端審問の特質にも関係があるのだ。単なる同調者や帰依者ならばいざ知らず、異端者そのものの場合、供述は一般の犯罪の自供ではなく、信仰の告白である。逃れられぬ局面に立ち至れば、はばからずに信念を吐露して火刑台に登ったからである。

調書と手続き主義

調書の書式は煩雑、しかも厳格をきわめる。ブランシュ・ド・ロードの供述記録の末尾では、これが完全な自発意志による供述であることを執拗に確認させている。前述のように拷問によらないことはもちろん、いかなる示唆も威迫も誘導も受けなかったこと、第三者の利益や不利をはかる意図にも動かされなかったこと、供述にあたっては欺瞞や韜晦を用いていないことを、繰り返し述べさせている。「後日、上記供述は破棄、撤回、ないし反論することがあり得ることを今申し立てるか、他日申し立てることがあり得るかと糾《ただ》したところ、否と答えた」。

そのうえで、結語はこうだ。「同人はみずからの過失に関し上記異端審問官ならびにその職務継承者の憐愍《れんびん》と裁定と救済のための罰に服することを望んだ」。そして、記録の作成者と立会人の名が長々と続く。

一問一答形式で尋問が行なわれている以上、「示唆」も「威迫」も「誘導」もなかったというのは信じがたいが、それよりも執拗な確認の手続きに驚くのだ。被告ないし証人は俎《そ》上《じょう》の鯉同然、自分の証言にがんじがらめに縛られてしまう。

偏執的とさえ見える厳格な手続き主義は、供述記録の書式に限ったことではない。召喚に応じない者に対しては、三度の勧告の後に「出頭拒否」の罪が適用される。『異端審問の実務』に勧告の範文が載っている。

「我ら、異端審問官何某は、本席にある汝、何某に対して勧告する」。逃亡中の者に対して「本席にある汝」も奇妙だが、このあたりが異端審問特有の形式主義かも知れない。教会の命令に服すべき理由を詳しく挙げた後、「向後三日以内、遅くとも三日目の終課の刻限までに義務を果たさぬ時は、汝は出頭拒否のかどによる破門の軛《くびき》に繋がれ、さらに一年にわたって頑迷なれば異端者として追及されるであろうことを、ここに通告し宣告する。汝が望むならば、この宣告の副本を汝に交付するであろう」。副本云々は、破門宣告にも供述調書にもついているが、請求した例は見当らない。たいていは「副本を要求するかと問いただしたところ、否と答えた」という添書きがついている。

総説教《セルモ・ゲネラーリス》

宣告は多くの被告をまとめて行なわれるのが普通だった。いわゆる「総説教《セルモ・ゲネラーリス》」、異端審問のハイライトである。後のスペインのアウトダフェほど仰々しくはなかったが、式次第の骨格は同じである。住民の参会を求めるので広場や教会で行なわれるのが普通だが、司教ジャック・フルニエはパミエ城壁外のサン・ジャン墓地を使っている。早朝から始まるのが普通で、まず審問官による短い説教、聴衆に対する贖宥の宣言、諸役人の誠実宣誓と型通りの手続きがあって後、異端審問の職務執行妨害者の破門、受刑者に対する罰の軽減や代替、悔悛者の誓絶と破門の解除、そしていよいよ宣告となる。軽い罰から重罰への順序で、ラテン語で罪状と罰を言い渡し、俗語で要約した。その順序と形式はギーが『異端審問の実務』で大いにこだわったところだし、またその実例を『トゥールーズ判決集』に見るところだ。

極刑が「世俗の腕」。次が「壁」だ。これにも「狭い壁《ムールス・ストリクトゥス》」と「緩やかな壁《ムールス・ラルグス》」の二段階があった。ベルナール・ギーの判決では、「狭い壁」十九名に対し、「緩やかな壁」二百八十一名となっている。「狭い壁」は悲惨でパンと水、それに足に鉄鎖がつけられた。

より軽い罰に十字着用、巡礼、その他があることはすでに見た。十字着用のほかにも罪によってはさまざまな意匠が考えられたので、無実の者を誣告《ぶこく》した者には舌の形の赤い布、仮出獄中の者にはフェルトの鉄槌、魔術にかかわったり洗礼の秘蹟の執行に間違いを犯したりした聖職者には壺、聖餐の秘蹟の執行に間違いを犯した聖職者はパン、異端審問の文書を損壊あるいは偽造した者には文字、など工夫を凝らした。「頭巾なしの上着の胸部に文字の形を付けて、教会玄関の石段に立たせる」という判決の例が『トゥールーズ判決集』にある。

モンタイユーの農夫ギヨーム・フォールは、一三〇九年に異端審問官ジョッフロワ・ダブリに召喚されてカルカッソンヌの獄に繋がれた。ようやく一三二六年になって判決が下り、贖罪の命令書を貰って村に帰った。典型的な例なので贖罪の項目を見ておきたい。

まず第一に十字着用。悔悛の意を表するためとはいうものの現実には加辱刑として常住坐《じょうじゅうざ》臥《が》、十字を縫いつけた上着を着ていなければならないというもので、同人の場合には村中が一味みたいなものだったから、ごまかしもできただろうが、普通はこれだけで死活にかかわる重圧だったらしい。雇い手がなくなってしまい、貧しい者ほど生活の資に窮したからである。次に小巡礼。国外の霊場へ行くのを大巡礼といったのに対して、国内、せいぜいシャルトルあたりまでを小巡礼と呼んだ。

三番目に、毎年聖アントナン祭にパミエ大聖堂に参詣。四番目に、毎年三回は告白して聖体を拝領。五番目に、毎日曜祭日に教区教会のミサを参聴し、その時懲戒を受ける。鞭を差出して打たれるのである。六番目に、行列の行なわれる時にはかならず随行して終着点で懲戒を受ける。次に、十分の一税を滞納しない、高利貸しや暴利、呪術や占卜に関係しない、公職につかない、異端の敵たることを言動で示すなど、いわば一般的な心得がきて、最後に毎月第一日曜日に本状を教区司祭に提示し俗語にて読み聞かされること、とあった。

判決の後

異端審問が普通に思われているほどには恣意的専断的な処断をしたのでないことは見てきた通りだが、判決は「刑罰《ポエナ》」という言葉を使っている。審問官たちが刑罰として認識していたことは明らかだが、本来の精神からいえば、火刑は棄てたのだから、そもそも教会とは無関係である。その他は悔悛と贖罪なので刑罰ではないはずなのだ。だから、理屈をいえば、異端審問には贖罪と敬虔のわざしかあり得ないのだが、等級つきの刑罰を宣告する整備された裁判になった。当時としては手続きの点でも記録の点でもおそらくもっとも完備した裁判になった。しかも、一方では本来の精神を捨ててはいないので、同時に霊魂の管理者として手続きを超え得る特権を行使した。

だから、宣告がくだればそれで異端審問が終わったのではない。極刑はいたしかたないとして、判決は後日変更して加重することが、それも審問官あるいは司教の一存で可能だった。異端審問は刑罰を科すのでなく、あくまでも矯正の手段を講じるのが目的だったからである。判決文には「贖罪ないし刑罰を緩和、軽減、加重、あるいは免除する我らの完璧にして自由なる権限」が強調されている。軽減も可能だったこと、そしてベルナール・ギーの判決にはそれがかなりあること、例えば「幼い子供が多く、過ちも夫に同調したに過ぎぬがゆえに」投獄から十字着用に軽減した例もあることを付け加えておかねば公平を欠くことになるだろうが、被告の身にすれば一生解放されることがないことになる。

前出のギヨーム・フォールも、一三二一年四月六日、本人も忘れかけた頃、パミエに召喚された。四月十一日、二十日、二十一日と連続する峻烈な尋問で先のカルカッソンヌでの供述が不完全だったことを暴露してしまった。しばらく後、八月一日、ベルナール・ギー立会いのもとに司教フルニエは彼を世俗の腕のなかに棄てる。罪名は再犯、ならびに偽りの悔悛であった。

ところで、『ジョッフロワ・ダブリ審問録』には判決が記されていないが、そこに登場する者たちの運命はどうなっただろうか。『審問録』そのものが断片なので、網羅的な追跡は望むべくもないが、パレス・ゴビリヤールの研究によれば、幸い一三一四年から二八年までの国王役人の書類が残っていて、それにカルカッソンヌに在獄中のフォワ伯領出身者六十一名の名が記載されているという。その中に『ジョッフロワ・ダブリ審問録』に供述が収録されている者は五名。ほかに、供述で言及された者たちの名が若干ある。別に一三二〇年前後の『ジャック・フルニエ審問録』からカルカッソンヌで尋問された前歴の知られる者が、二十五名いる。記録の伝えるのは氷山の一角で、記録の背後にいかに大がかりで、しかも組織的な異端審問が広がっていたか、推測できるのだ。

供述の一部を引用したブランシュ・ド・ロードの名は、思いがけずベルナール・ギーの『トゥールーズ判決集』に出る。それには一三二二年、「獄より解き放ち、十字着用も免除する」とある。

第七章　スペインの火刑台

聖庁《サント・オフィシオ》

十四世紀後半以後も南フランスに異端審問は存続しているが、もはや大がかりな活動は見られない。宗教改革の前夜、プロヴァンスのある金貸しが債務者からの取り立てに失敗し、縁者の司祭に忿懣《ふんまん》を洩らした。「異端審問が義務を果たさぬから、住民は何をしてもよいと思うようになっている」。要するにその程度の活動だったのだ。

その頃プロヴァンスの山間、リュブロンに住みついたワルドー派の農民を討伐して惨劇を現出した事件があるが、その主導権を握っていたのはエクス・アン・プロヴァンスの高等法院《パルルマン》、端的にいえばその議長メニエ・ドペードで、異端審問とは一応別の次元の事件である。振り返れば、ベルナール・ギーの時代は、少なくとも南フランスでは異端審問の黄金時代だったのだ。

異端審問は全カトリック世界的な制度だったが、時代と国によってそれぞれ特徴があったのはいうまでもない。教会や宗教の事情が違うのはむろんだが、同時に「世俗の腕」との関係、つまり政治的な条件との関係によって異端審問の性格が決定されたからである。イギリスのように異端審問が定着しなかった国がある一方、スペインでは国家権力と結合しておそらくもっとも強固な制度的確立を見、またもっとも長く持続した。その上植民地支配を通じてラテン・アメリカにも輸出された。

十三世紀、イベリア半島にも異端審問は成立と同時に導入された。その頃は別に特殊スペイン的な異端審問があったわけではない。半島には諸王国が分立し、異端対策は、時としてローマが焦燥を示すほど低調だったらしい。

転機は十五世紀の末に訪れる。いうまでもないが、カスティリャ女王イサベラと結婚していたアラゴン王フェルナンドがカスティリャ王を兼ねた、とりもなおさずスペイン王国の成立したのが一四七九年。そして、イスラム勢力の最後の拠点たるグラナダ陥落が一四九二年である。一四七八年、法王シクストゥス四世が王あてに勅書を送った。いわゆるスペイン異端審問の「大勅書」である。「ここに我らは卿の願いを聴許し、卿の指摘する諸悪を根絶すべき手段を講じることとした。すなわち、スペイン諸王国の都市または司教管区ごとに三名、少なくとも二名の人物を必要に応じて指名する権限を卿に賦与する。……彼らに委ねる権限は、従来法と慣習によって司教と異端審問官が有する権限に等しい」。

これ以後を狭義の「スペイン異端審問」と呼んでもよいだろう。建前の上ではあくまでも法王直属だが、実質的な任命権は国王にあり法王は批准するにすぎなかった。しかも、国政

《マドリード、マヨール広場のアウトダフェ》（フランシスコ・リッチ、1683年、プラド美術館、マドリード）

最高の会議《コンセホ》たる国家会議、財政会議、カスティリャ会議、アラゴン会議とならべて異端審問会議が置かれ、全王国の異端審問を統括した。これを至高庁《スプレーマ》と呼んだ。多くの場合その議長が審問官総長をかねた。スペインで「聖 庁《サント・オフィシオ》」といえば、とりもなおさず異端審問のことであった。

　国家の機関でありながら、しかも名目上とはいえ法王直属たることによって国家権力をも超える部分をもつ、空前の強大な法廷の出現である。統一されたとはいえ、基礎は必ずしも定まらず、諸地方それぞれ固有の慣習に固執してさまざまの法体系が錯綜するスペインにおいて、異端審問だけは法においても運用においても一貫している。異端審問官総長から各地の異端審問官に交付される辞令は、長く同文であった。

「異端と背教の疑いあるすべての人物、ならびに彼らを庇護し誼《よしみ》を通ずるすべての人物を審理する権限を汝に委ねる。その人物の何者たるかは一切問わない。男女、生死、在不在を問わず、また地位、特権、称号、居住地、定住者たると滞留者たるとを問わない」。

ユダヤ人とイスラム教徒

異端審問に名を借りて国王の政敵を追い落とした具体例は見出されないようだが、間接に王権による全国制圧に力を添えたことはいうまでもない。それよりも、新王権には最初から標的があったのだ。つまり、ユダヤ人とイスラム教徒である。イベリア半島にはイスラム教徒とユダヤ人が多かったし、他の諸国に比べて寛大に遇され、それがまたイベリア文化独特の豊かな内容を醸成するのに寄与して来た。十四世紀ごろから、半島でユダヤ人迫害が顕著になる。虐殺事件が頻発するのもユダヤ人居住区が設けられるのもこの頃からである。そして、ついに一四九二年にユダヤ人の強制改宗、一五〇二年にはイスラム教徒に対する同様の措置が取られた。キリスト教に改宗するか、そうでなければ国外に退去せよというのである。

イサベラ女王の場合には熱烈なカトリック信仰が動機だったことに間違いないようだが、フェルナンド王はそれほどでもなかったといわれる。有力ユダヤ人の集団が三十万ドゥカットの献納と引き替えに政策緩和を嘆願した時、王はこれに傾いたという話がある。その時、異端審問官総長トルケマダが磔刑像《たっけいぞう》を王につきつけ、「この御方をご覧なされ。銀貨三十枚でユダが売ったのですぞ。陛下が同じことをなさりたければ、もっと大きな額でなさるがよい」と諫言《かんげん》したというのだ。ともあれ、より大きな文脈から見て、統一カトリック王国の構築を国是として権力集中を急務とする国王政策に沿っていたことは間違いない。

強制改宗を嫌ってイスラム教徒とユダヤ人が大量に流出し、残留した者たちは新参のキリスト教徒となった。イスラム教からの改宗者をモリスコ、ユダヤ教からの改宗者をコンベルソという。そこで次の問題が生じる。果たして彼らが心底からキリスト信仰を受け入れているのか、偽装改宗ではないのか、いわば隠れユダヤ、隠れイスラムではないのかという疑惑である。

異教徒と異端者

もともと、ユダヤ教徒やイスラム教徒は異教徒でこそあれ、異端者ではない。ただ、洗礼を受けておきながらもとの信仰をもち続けたり、秘かに帰参の儀礼を受けたという疑惑があれば、立派な異端である。この考え方は早くから確立していて、ベルナール・ギーの『異端審問の実務』にも、「幼時に、あるいは成人後死の恐怖から洗礼を受けておきながらユダヤの祭儀に移り、あるいは帰るキリスト教徒については次のとおりに定められている。すなわち、彼らがキリストの信仰を棄てたむね告白した場合、またはキリスト教徒ないしユダヤ教徒によってそれが立証された場合、彼らは異端者として扱う」とあるし、半世紀後のエメリコの『異端審問官の指針』も基本的にこの原則を継承している。「忌むべき宗教に復帰したユダヤ人は異端であり、従ってそのような者として扱われねばならぬ。誓絶と償いに同意せぬ場合には、悔悛せざる異端者として司教や異端審問官によって追及され、焼き棄てるべく世俗の腕に渡されねばならぬ」。「キリスト教に改宗した後にイスラムに復帰したサラセン人、および何らかの方法でこれに便宜を図ったサラセン人の場合は、ユダヤ人ならびにユダヤ教復帰者の場合と厳密に同じである。事実の重大性も罰も同じである」。

別に洗礼を受けたのでもない、本来のユダヤ人一般、ひいては異教徒一般についてベルナール・ギーは追及の必要もその方法も記してはいない。ただ、「キリストの信仰と教会に対するユダヤ人の許しがたき冒瀆」と題して、「留意すべきは、ユダヤ人の心にキリスト教徒に対する呪咀が隠されていることだ」と、いわば潜在的な敵と見なした。彼らは「キリスト教徒と名指すこともなく、型どおりの言葉を用いているものの、キリスト教徒を指すものと了解した上で婉曲な表現のもとに」キリスト教の破滅を祈っている、とまで書いている。

エメリコの段階になれば、いっそう尖鋭となる。むしろ、理論上は異教徒すべてが異端審問の対象なのだが、実行上は偽装異教徒の追及に限定するという態度になっている。「事実上はさておき、少なくとも原理上は法王権は万人に及ぶのである。さすれば、異教徒がキリスト教を知らないからといって法王が異教徒の処罰を控えねばならない理由は、私には理解できない」。「ユダヤ人が彼ら自身の信仰に背くならば、その者どもをも裁くべきである」。異教そのものをも、異教内部の異端をも、異端審問の対象にせよというのだ。

「豚を食せざる者」

強制改宗の後は、モリスコとコンベルソ以外の者は存在しない理屈である。そして、その全員が潜在的な異端者なのだ。事実、成立したばかりのスペイン異端審問は、もっぱらユダヤ人狩りに終始していた。J・P・ドゥディらの研究によれば、一五二五年までのトレド異端審問の有罪判決のうち九九パーセントが偽装改宗ユダヤ人だという。だいたい、彼らは捕捉しやすい獲物でもあった。ユダヤ人に農民は稀で、多くは都市に独自のユダヤ人街を作っていたからだ。それだけに狩り尽くすのも早かった。一五二五年には、手柄を立てようにももはやユダヤ人が見当らないという、異端審問官の嘆息が聞かれたという。

エメリコは「表向き改宗しながら、その実ユダヤ教に忠実な者を知る方法」を列挙している。「教会へ稀にしか行かない者、ユダヤ人と交際してキリスト教徒を避ける者、ユダヤ教の祭日にユダヤ人と食事する者、豚肉に触れない者、金曜日に肉食する者、土曜日の安息を守る者、祝祭日にも家に隠れて労働する者」は偽装コンベルソだというのである。

後にペーニャはこのくだりに注釈を加えて、「豚肉を食わない、あるいは葡萄酒を飲まないのはユダヤ教徒あるいはイスラム教徒のしるしだとされるが、過大視してはならぬ。あらゆる人間があらゆる食物や飲み物を好むとは限らぬから、これだけでは結論を出すに十分でない。以前には特定の獣肉を口にしなかったために、改宗後も新しい食事に慣れにくいということも十分あり得る」と物分かりのよいところを見せた。しかし、「当人のみならず、その子も、その孫も豚肉を食わないとなれば、重大な疑いが存する」。

お身内の衆

スペイン異端審問が設立されたばかりの一四七八年、セゴビア地方の一ドミニコ会修道院の院長でトルケマダという人物が、異端審問官の一人に任命される。やがて異端審問官総長となって次々に訓令を発し、実質上スペイン異端審問を組織したのだが、十数年の在任期間中に一人で十万件を審理し、二千回以上も火刑台の煙を上げたと伝えられる、残忍酷薄、ほとんど伝説化した大審問官である。その人物像も、実際に彼が断罪した人数も今となっては突き止めるすべがない。他人に対すると同じく自分に対しても峻厳で、生涯清貧に甘んじ、むしろ俄《にわか》仕立ての審問官たちの逸脱や個人的裁量を統制し、いわば異端審問を規格化したのだという説もある。

それぞれ管区を担当する異端審問官は二名ないし三名。原則としてドミニコ会士が任命されているが、一六三二年に俗人の任命を禁じる措置が取られているところを見れば、俗人から任命されることもあったらしい。審問官には大勢の下僚が付随した。

属僚は法律の専門家、文書の作成にあたる公証人、起訴を担当する役職、証拠書類の予備審査や禁書が問題となる場合には著作物の点検にあたる役職、獄吏、伝書使ないし執達吏、医師、審問官のためにミサを上げる礼拝堂司祭、会計係などさまざまである。

そのほか、捕吏、刑吏でもあれば、審問官の警護や諜報活動、その他もろもろの雑役にも当る下級の役人が大勢いた。一般民衆と直接に接するのはこの連中で、「お身内の衆《ファミリアーレス》」と呼ばれた。虎の威を借りて横暴な振舞いに出る者がいたことは、想像に難くない。中央では何度も減員を指示しているが、効果のあった形跡はない。エメリコが「異端審問官は武装兵を配備し指揮することができる。それは異端審問官と職員の身体を護衛するため、異端者を追跡捕縛するためである。ただし、彼らが職権を乱用せぬように統率するのは異端審問官の責任である」と言っているが、この武装兵こそ「お身内の衆」にほかならない。

ペーニャは法王勅令を盾にとって、「あらゆる世俗法ならびに都市法の禁止にもかかわらず、異端審問の協力者は昼夜を問わず武器を携行する特権を有する。この特権に反する法を撤回せぬ市当局等は異端審問に対する妨害と見做《みな》し、この一事のみにより追及の対象となる」と強調した。理由はいうまでもない。異端審問の関係者は「悪意をもって見られ」、「無数の敵を招くから」である。

身元証明

異端審問が社会の隅々までを監視下に置いたことは、異端審問が住民の身元証明を発行したことからも推察できる。国家あるいは教会の役職に就任するにあたっては、血統の純潔、つまり先祖代々忠良なカトリック信者であることが必要とされた。その証明を異端審問が発行し、手数料を収入源としたのだ。

『ドン・キホーテ』のなかの一挿話に、オリエントから無事に帰国できた登場人物が、役所や教会にさまざまの届けをした末、「いよいよ異端審問に請願してキリスト教会の信者に復帰する許可をもらうため、グラナダへ出発した」というくだりがある（前篇、第四部、第四十一話）。さらりと書き流してあるが、異端審問がいかに浸透定着したかをうかがわせる。江戸時代の寺請け証文、ひいては宗門人別帳を連想するのだが、断然威力が違っている。

一五二五年ごろ、にわかに異端審問の対象が広がった。ユダヤ教徒、モリスコ、審問の妨害者、新教徒などのほかに、古来のカトリック社会の内部にも手が伸びた。破戒僧、特に懺悔を聞いたうえで女性信者を誘惑したり脅迫したりする司祭の摘発もこの頃から始まっている。何といっても特徴的なのは、人々の言動がただちに対象となったことで、一五二五年から一六三〇年まではこれが審理の大半を占めた。卑猥な言葉、冒瀆の言辞、男色、獣姦、重婚、迷信、禁書の所持などが問題にされたのだ。異端審問は思想警察たるにとどまらず、風紀警察をも兼ねたといってよい。

犠牲者たち

ところで、スペインで異端審問の犠牲となった者の数は、いったいどれくらいだったのだろうか。正確な統計が得られないのは分かり切ったことだが、ある程度の推察ができないわけではない。全国で十四ヵ所に設置された異端審問のうち、トレド管区について前引J・P・ドゥディィらの研究がある。一四八五年は特に審問が活発化した年だが、この一年だけで審理総数およそ七百五十件、次の、そして最大の活動期たる一五五五年前後には毎年千百件程度、第三の活発期一六五〇年前後で年平均およそ二百五十件、降って十八世紀になると年に百件を超えるのは例外で普通は五十件未満、十九世紀になれば制度は存続していても事実上ほとんど活動していない。この波動はだいたいのところ他地域にも共通していただろう。

また初期にあっては火刑の判決が大部分を占めたが、その割合は次第に減少する傾向にあったらしい。当然、ガレー船での漕役、投獄、鞭打ちなどの割合が増える。火刑とある場合にも生身の人間を焼き殺したとは限らない。逃亡者の画像を焼くのも火刑だった。

スペインでの最後の火刑執行は実に一八二六年、制度としての最終的な廃止は一八三四年のことであった。

参考書目抄

Bernard Gui, *De Fundatione et prioribus conventuum Provinciarum Tolosanae et Provinciae Ordinis praedicatorum*. Paul A. Amargier (éd.), Romae, 1961.

Bernard Gui, *Manuel de l'Inquisiteur*. Guillaume Mollat (éd. et trad.), 2 vols. Paris, 1964.

Philipp van Limborch (éd.), *Historia Inquisitionis cui subjungitur Liber sententiarum Inquisitionis Tholosanae*. Amsterdami, 1692.

Jean Duvernoy (trad.), *Chronique de Guillaume Pelhisson*. Toulouse, 1958.

Nicolau Eymerich et Francisco Peña, *Le Manuel des Inquisiteurs*. Louis Sala-Molins (éd.), Paris, 1973.

Célestin Douais, *Documents pour servir à l'histoire de l'inquisition dans le Languedoc*. 2 vols. Paris, 1900.

Richard Wilder Emery, *Heresy and Inquisition in Narbonne*. New York, 1941.

Georgene W. Davis, *The Inquisition at Albi, 1299-1300. Text of Register and Analysis*. New York, 1948.

Jean Duvernoy (éd.), *Le Registre d'inquisition de Jacques Fournier, évêque de Pamiers*. 3

vols. Toulouse, 1965.
Louis Sala-Molins, *Le Dictionnaire des inquisiteurs. Valence 1494*. Paris, 1981.
Annette Pales-Gobilliard (éd. et trad.), *L'inquisiteur Geoffroy d'Ablis et les Cathares du comté de Foix*. Paris, 1984.
André Morellet, *Abrégé du Manuel des Inquisiteurs.* Jean-Pierre Guicciardi (éd.), Grenoble, 1990.

Charles Molinier, *L'Inquisition dans le Midi de la France au XIII*^{e} *et au XIV*^{e} *siècle. Etude sur les sources de son histoire*. Paris, 1880.
Henry Charles Lea, *A History of the Inquisition of the Middle Ages*. 3 vols. New York, 1888.
L. Tanon, *Histoire des tribunaux de l'inquisition en France*. Paris, 1893.
Jean Guiraud, *Histoire de l'Inquisition au moyen âge*. 2 vols. Paris, 1935-38.
Yves Dossat, *Les Crises de l'Inquisition toulousaine au XIII*^{e} *siècle*. Bordeaux, 1959.
Henri Maisonneuve, *Etudes sur les origines de l'Inquisition*. 2e éd., Paris, 1960.
Élie Griffe, *Le Languedoc cathare et l'Inquisition, 1229-1329*. Paris, 1980.
Cahiers de Fanjeaux 6. *Le credo, la morale et l'Inquisition*. Toulouse, 1971.
Cahiers de Fanjeaux 16. *Bernard Gui et son monde*. Toulouse, 1981.
John Hine Mundy, *The Repression of Catharism at Toulouse. The Royal Diploma of 1279*. Toronto, 1985.

Antoine Dondaine, *Les hérésies et l'Inquisition, XIIe-XIIIe siècles. documents et études.* Aldershot, 1990.

山中謙二『フシーテン運動の研究――宗教改革前史の考察』至文堂、一九四八年（再版、聖文舎、一九七四年）。

ギー・テスタス、ジャン・テスタス『異端審問』安斎和雄訳、白水社、文庫クセジュ、一九七四年。

フェルナン・ニール『異端カタリ派』渡邊昌美訳、白水社、文庫クセジュ、一九七九年。

エマニュエル・ル・ロワ・ラデュリ『モンタイユー――ピレネーの村　一二九四―一三二四』上下巻、井上幸治・渡邊昌美・波木居純一訳、刀水書房、一九九〇―九一年。

R・L・ケーガン『夢と異端審問――一六世紀スペインの一女性』立石博高訳、松籟社、一九九四年。

エリー・ケドゥリー編『スペインのユダヤ人――一四九二年の追放とその後』関哲行・立石博高・宮前安子訳、平凡社、一九九五年。

あとがき

「神の光栄のために毎日国内に炬火の燃えていた、恐ろしい審問時代」、キリストが今一度人間の姿を借りて下界に現れ、死せる幼女を蘇生させるという奇蹟を顕《あらわ》した。群衆の背後から見ていた大審問官は一切を悟り、ただちにキリストを獄舎に繋がせる。「一日も過ぎて、暗く暑い、『死せるが如きセヴィリヤの夜』が訪れた。空気は『桂と檸檬《レモン》の香に匂って』いる。深い闇の中に、とつぜん牢屋の鉄の戸が開いて、老いたる大審問官が手に灯《あかり》を持って、しずしずと牢屋の中へはいって来た」（ドストエーフスキイ『カラマーゾフの兄弟』第二巻、米川正夫訳、岩波書店、岩波文庫、一九二八年、八九、八三頁）。

トルケマダを思わせる大審問官はキリストを難詰する。「わしにはお前の言う事が、余り分り過ぎるくらいだ。それにお前は、もう昔に言って了ったこと以外に、何一つつけ足す権利さえ持っていないのだ」（同右、八四頁）。「もうお前はみんなすっかり法王に渡して了ったじゃないか。いま一切の事は法王の手中にあるのだ」（同右、八五頁）。「突然囚人《めしうど》は無言のまま老人に近づいて、九十年の星霜をへた血のけのない唇に静かに接吻した。それが答の全部なのだ」（同右、一〇九頁）。

徳永恂氏の「異端審問　ユダヤ人の悲劇」(『中央公論』、一九九一年六月号) での言及に触れるまで、あの有名な小説の、際限もなく続く会話のなかにこういう文章がひそんでいたことを、すっかり忘れていた。「権威として確立された正統性と真の宗教性との倒錯した関係」(同右、二〇二頁) を象徴しているという徳永氏の指摘は、異端審問の評価としてこれ以上のものはないと思われる。

異端審問に限らず、およそあらゆる制度に潜在し得る問題かもしれない。しかもそれが、徳永氏の評を借りるなら、「普遍的な形而上的な問題が極めて具象的な官能性と結びついて描かれている」(同右、二〇二頁)。確かに舞台はフランスでもドイツでも成立つ話なのに、スペインでなければならない、それも「桂とレモンの香に匂う」、「暗く暑い、死せるが如きセビリアの夜」でなければならないと思われてくる。

異端審問といえばスペイン、というのも一面においてはごく自然な連想である。理論上、異端審問は全カトリック世界的な制度だったのだが、国により時代によってひどく様子が違う。異端状況が違ったのだから当然のことだが、それだけではない。異端審問を成立たせる不可欠の要件は「世俗の腕」、つまり世俗権力の協力だったが、そのありようが違っていたからである。そのなかで、十五世紀後半以降のスペイン異端審問は国家権力と結合して、おそらくもっとも強固かつ永続的な制度となったので、我々の異端審問に関するイメージは、多くスペインのそれに基づいているといってもよいかと思う。

本書では、それ以前、南フランスで異端審問が誕生してから制度として安定するまでの時期に力点を置いてスケッチしてみた。史料としてはそれより後のエメリコの『異端審問官の指針』も参照したのだが、これはスペインの異端審問官ではあるものの、未だ特殊スペイン的異端審問が成立する前のものである。むろん、その注解者ペーニャの時代になれば事情が違う。

先にカタリ派の史料を調べていて、異端審問官の書いたものには一つの特徴があるような気がした。概して彼らの書いたものには当時一般的だった異端に対する感情的な憎悪や悪罵が少ない。要するに、冷静で客観的な傾向があるように思えてならなかった。異端対策の最前線にいて日夜苛烈な異端狩りに奔走しながら、しかもこの冷静さはまことに奇妙である。審問官気質とでもいうべき、一種独特のタイプの人間が登場したのではないか。それも、いずれ異端審問を調べてみようと思った動機の一つである。実は、多少調べてみると、当然のことながら異端審問官にもさまざまの人間がいたので、一つの型に押し込むことなど、とうていできはしないのだが、それでもベルナール・ギーなどは新しい人間類型を代表していないであろうか。

今一つ、異端審問という憂欝なテーマが提出する問題点は、これが正統教会の最前線だったという点にある。西欧の中世がキリスト教世界だったことはいうまでもない。それどころか極言するならば、キリスト教が西欧を成立たせたのだ。しかし、大局的に見るならば、西欧の大多数の人間にとってキリスト教が外部からの、そして後には上からする強烈なイデオロギーだったことに変わりはない。当然教会レヴェルと一般信者レヴェルでは信仰の理解にずれがあり、中世キリスト教は雑多な要素の混入した複雑な構造をもっていたはずである。全体として教会は土俗的な要素に対して柔軟な態度をとり、そのために内容も豊かになったのだが、さりとて教会が無原則に寛容だったわけでは決してない。その譲らざるもっとも鋭い一線が異端審問に見られるのではないか、という関心である。だが、結果は予想から少々外れた。

異端審問官のなかには、主としてリヨンを中心に活動したエティエンヌ・ド・ブルボンのように民情を観察して「迷信」に注意を払った者もないではない。ベルナール・ギーの『異端審問の実務』も呪術や降霊術に言及しているし、エメリコの『異端審問官の指針』になればさらに詳しい記述がある。しかし、『ジャック・フルニエ審問録』によって見ても、秘蹟の儀典が呪術にコピーされることに対しては敏感だが、俗信そのものはさして問題にしたとも見られない。要するに冒瀆の側面からだけ捉えているので、問題の集中するのはあくまでも教義と制度であった。ル・ロワ・ラデュリの表現を借りるなら、未だ魔女狩りの季節は始まっていなかったのだ。

テーマがテーマだけに執筆中かならずしも心が弾んだわけではないが、不完全ながら脱稿に漕ぎつけることができたのは、講談社の堀沢加奈氏のおかげだと感謝している。本書の図版ももっぱら同氏の工夫によった。

一九九六年六月

著者

解説　異端審問と交差する四つの歴史の道筋

轟木広太郎

本書は、一三、一四世紀における異端審問の成立と制度的確立の経緯を、およそ関連するすべての種類の史料を博引旁証しながら描き切った労作である。渡邊昌美氏には、異端カタリ派を扱った主著ともいうべき本格的な研究書と、アルビジョア十字軍を活写した著作が別にあり、本書の前半三分の一、すなわち異端審問成立の前史にあてられた部分にはこれらの成果が効果的に使われている。今回筆者は本書を改めて読み返してみて、渡邊氏らしい語り口、古典教養の豊かさを感じさせる語彙選択や小気味よい事件描写の流れにいつもどおり乗って進むうちにも、氏が異端審問にまつわる大小さまざまな論点を全体の構図のなかに余すところなく案配したその手並みに感嘆せずにいられなかった。本書は、ヨーロッパ中世という日本人にはどこか摑みどころのない、しかしそれでいて魅惑的な個性を放つ時代の雰囲気を初学者に感得させると同時に、このテーマに興味を持つ専門家にとってもいまだ探求のヒントを数多く掘り出すことのできる鉱脈たり続けていると思う。この拙文では、読後のなぐさみとして、本書でここまで辿ってきた道のりがいったいどのような外のルートとつながったり交差したりしているか、遡ればどういった地点に立ち戻るのか、また道の先はどこに通じているか、などを示すひとつの見取り図を提供してみたい。いうなれば、旅が終わった後の道案内人といったところだろうか。

第一の道筋——異端

異端審問と交わる歴史のルートはいくつもあるが、最初のひとつはもちろん、異端各派の消長が作り出した道筋である。この点でいえば、古代末期、四、五世紀ころの異端と本書に登場するカタリ派やワルドー派を同列に論じることはほとんどできない。迫害から脱したばかりのキリスト教会の最大の命題は、庇護者たるローマ皇帝コンスタンティヌス一世（在位：三〇六—三三七年）のもとで、教団にとっての中核的教義を確立することだった。この過程でアリウス派が異端として排除されたことはよく知られているが、そこで起こっていたことは、アリウス派とアタナシウス派の正統の座をめぐる闘争であった。じっさいにはアリウス派が優勢だった時期も長く、アタナシウス自身は追放の憂き目にも遭っている。歴史の天秤の振れ方によっては、かの三位一体が正統教義とならなかった可能性も十分にあったのである。つまりキリスト教史上最初期の異端とは、多分に教義闘争の形態をとりながら展開した教会形成史のなかで必然的に産み落とされた敗者の別名にすぎなかったといえる。
闘争の争点となっていたのは、ずばり神の定義であった。子なるキリストは、天上の父とともにはじめから「ある」のか、それとも創造後の存在なのか。キリストの人性と神性を父なる神との関連でどのように理論化するのか。初期キリスト教会の正統‐異端の争いとは、当時の教会エリートによる最初の神学論争であった。もっとも、腐敗した聖職者による秘蹟の無効を訴えたドナティスト派の闘争などは、司牧者の霊的純粋さを問う点で中世半ば以降の異端問題との接点も小さくはないが、これとて初期教会の制度確立の過程に付随した主導権争いのひとコマであり、基本的に教会指導者たちの世界をはみ出る出来事ではなかったといえる。

これに対して、本書で扱われた各種の異端、それゆえ異端審問の対象となっていく異端は「下から」現れる。著者が紹介している一一、一二世紀の隠修士、突如出現した預言者、改悛した俗人伝道者たち、彼らは教会エリートからは程遠い存在で、しかも彼らの視線の先にあったのは、それまでエリートたちから見れば有象無象と変わらなかった一般の俗人信徒たちであった。そしてじっさいにそうした者たちが多数カリスマに引き寄せられ、ついには教会当局の目をそばだたせる異端予備軍を形成したのである。著者の比喩を借りれば、カリスマとその信奉者たちは、聖人と新修道会とも、あるいは逆に、異端とその一派ともなりうる「星雲状態」（三八頁）を形成していたのである（たとえば、聖フランチェスコとピエール・

ワルドー)。

異端審問官が対峙した敵とは、こうした民衆信仰の高揚を土台として「下から」形成された信心者の群れにほかならない。ローマ＝カトリック教会は正統を確立してすでに久しく、異端との対峙の構図はもはや古代末期とは全く違っていたのである。この世をすでに地獄と捉え、人間の肉体を善なる魂が封じ込められた牢獄と見たカタリ派、俗人として福音の説教活動に邁進したワルドー派は、正統の地位を獲得しようとしたのではなく、自分たちの信じる真正の福音伝道を俗人信徒相手に繰り広げたにすぎない。いまや対峙の構図は、正統からの逸脱とそれに対する取り締まりとなったのである。

しかしその一方で、この新しい構図がすぐさま異端審問の発足に結果したわけではない点にも注意しておきたい。著者が本書前半で長々描写しているように、教会の異端対応にはいくつもの道行がありえたのである。ただその点は、後述の「第三の道筋」に属する事柄なので、続きはそちらに譲りたい。

第二の道筋——悪魔と魔女

異端審問という制度が、もうひとつの別の制度、すなわち一五世紀前半に散発的にはじまり、いずれ一六世紀に本格化する魔女裁判の前身であることはよく知られている。ここに異端審問から先に枝分かれしていくひとつの道筋がある。両者は教会あるいは信仰の敵を同じ裁判という方法で追及し、かつ排除することを目的とする点で、ほとんど一本線でつながっているといってもよいかもしれない。最終的な断罪の方法もともに火刑であって、著者は一一世紀初頭にこの原則が生まれたことに言及している。

しかしその一方で、異端審問官が魔女や悪魔、あるいはそれに結びついた背徳の饗宴や幼児供犠に関心を示さなかった点を著者が強調していたことを覚えておいでだろうか（「怪しげな」現象ではなく、「客観的な事実を把握して初めて〔異端問題に〕対処できると彼らは考えたのではないか」〔四九頁〕）。彼らは魔女たちの乱倫の集会でも悪魔の「不可思議な外力」でもなく、「内面の信仰」をひたすら見据えていたのである。異端審問官が容疑者に投げかける質問は、たとえばカタリ派であれば、旧約の創造の神を善だと考えるか、「肉よりなれるもの」を遠ざけるか、十字架を礼拝することができるか、といった点であり、あるいは、善信者（完徳者）から救慰礼の約束を取りつけているか、異端者の説教を聴いたことがあるか、さらには歓待したりあるいは道案内をしたことがあるかなど、異端指導者との結びつきやかかわりであった。つまり、われわれは魔女と悪魔の現出した（と信じられた）超自然的狂乱の世界とはおよそかけ離れた道行を歩いていたのである。

ところが、この時代の教会人や一般信徒たちが魔女と悪魔を一顧だにしなかったかというと、まったくそうではないことも、本書の例話集に関する叙述から明らかであろう。そこには、悪魔との契約書を脇下に縫い込んだ異端、悪魔の力によって異端が水の上を歩いたとの奇蹟、童子の遺骸を燃やした灰を持ち歩く異端、悪霊を呼び出した後、相互に乱交に耽る異端の集会などが登場する。これらは、いずれ魔女裁判のなかで被告の供述に現れるというか、無理やり引き出される証言そのものであって、近世の魔女妄想の数々のイメージがすでにこのころ準備されていたことを教えてくれるのである。

しかし、そこに欠けているものがある。それは、悪魔を主人とし魔女を僕《しもべ》とする両者の絶対的な服従関係、物質を変化させたり一瞬のうちに移動させたりする悪魔の超自然力、天候を操り、人を殺し、家畜を不妊にする魔術の伝授、そして神に刃向かう悪の大軍団のイメージである。いずれこれらが付け加わったとき、異端審問官は魔女裁判官となるだろう。本書冒頭で紹介されたヤン・フス（一三七〇頃―一四一五年）も、百年戦争中のジャンヌ・ダルク（一四一二頃―三一年）も、悪魔の脅威に対抗するため処刑されたのではない。「内面の信仰」とそれを示す行為を根拠に断罪されたのである。

それゆえ、同じ信仰の敵に立ち向かうといっても、両者の使命感とスタンスは自ずと異なった。異端審問官にあって魔女裁判官にはほとんど認めがたいもの、それは打倒すべき敵の魂への配慮である。ここに異端審問の逆説がある。この点はさらに「第四の道筋」で触れるが、著者が異端審問官を、「冷徹無比、情熱と意志の緊張に耐え得る、あの時代としては特異な型の人間」（四九頁）と評しているのが興味深い。

第三の道筋——異端対応と真理探究

第三の道筋は、異端とそれに向き合う当局との対決の、またそこに含まれる真理探究のさまざまな営みが作り出す道筋である。ここで「第一の道筋」の最後に述べた点を振り返ろう。すなわち、一一世紀以降のいわゆる民衆異端の簇生《そうせい》を前にしたローマ＝カトリック教会が、すぐさま異端審問という制度の設置にいたったわけではないという点である。じつは、真理探究の方法にはその時代ごとのスタイルとでもいうべきものがあって、訊問や取り調べに拠って立つ審問という方式はまだ時代の承認を受けてはいなかった。われわれはその前史にいま一度立ち止まってみたい。

先ほど、一一世紀初頭に異端処罰の最終的方法として火刑が導入されたという点に触れたが、著者の事例紹介を丹念に読んでみると、少し奇妙なことに気づく。それは、一見「処刑」に映る火あぶりが、いずれの事例でも、異端者にとっては信仰の真正さを証明する挑戦のごときものとして受けとられていることである。たとえば、被告たちは「火にも焼けないと豪語し」（三四頁）、あえて炎の試練に己を晒したという。こうした事例が連想させるのは、中世の前半期から一二世紀ごろまで各種の裁判で行われた神判である。

神判の多くは火や水を使うもので、たとえば、炎で熱した鉄を被告に握らせ、火傷の具合を検分する熱鉄審、煮えたぎる釜から指輪や石を取り出させ、やはり火傷の具合を見る熱水審、また被告の手足を縛り、湖水や巨大な桶のなかに放り込んで、浮き沈みから判定する冷水審などがあった。火傷の場合は、数日後爛《ただ》れが見事におさまっていれば無罪、浮き沈みの場合は、体が沈めば無罪とされた。いずれも、炎や水や鉄はあらかじめ司祭によって祝別されており、神判の結果は神の意志のあらわれとされたのである。してみれば、異端者たちに対する初期の「火刑」は、完全には処刑になりきっておらず、なかばは信仰の正否を試す一種の神判だったのではないだろうか。じっさい、爾後《じご》審問制度発足までの異端容疑者の多くは、ふつうの神判に付されたことが知られているのである。

神判のなかには当事者同士が行う決闘（法廷決闘）もあるが、これを彷彿とさせるのが、異端説教師と教会説教師の公開論争である。一二世紀半ばから一三世紀初頭にかけて、カタリ派が蟠踞《ばんきょ》する南フランスのいくつかの町に乗り込んだシトー会士たちが、このようにして異端説教師と対決したことが本書でも言及されていた。法廷決闘が鎚《つち》や剣によってなされる対決とすれば、公開論争は言葉を武器とした対決といえるであろう。火や水の試練と並んで、対決の試練が神の意志、すなわち究極の真理をあかす方法として重んじられた時代だったのである。異端説教師が聖ドミニコの著作を火に放り込んだところ燃えずに跳ね上がったという奇蹟、アルビジョア十字軍によるベジエ攻略の際に発せられたといわれる法王特使アルノー・アモーリの「すべて殺せ。主はおのれの者を知りたまう」（六六頁）との命令、これらも神判と同じ地層に属する異端対応の構えと見ることができるであろう。

ところが、異端審問は以上とは明確に一線を画している。これ以降、真理探究のスタイルは、試練や対決によって神の真意を問うものから、訊問、自白、証人調べによって事実を再構成するものへと移行していくからである。また著者が明快に述べているように、神判の時代には、事件当事者が直接訴え出ない限り裁判がはじまらなかったが、異端審問では容疑さえあれば職権的に訴追を行うことができる。異端審問官は異端のうわさが流れた地域を訪れては、本書で見たように「慈悲の期間」を設けて自白を促し、また証人を呼び出しては容疑者の割り出しを行う。異端はもはや対決すべき相手ではなく、追及すべき獲物となった。この獲物はうわさ、密告、ちらつかされる「慈悲」、そして拷問によって搦《から》めとられるのである。

著者がまるまる一章をあてて紹介したベルナール・ギーこそは、この時代の異端審問官の代表として描かれている。ギーの文献収集の熱意と飽くことを知らぬ記録癖、それは、あらゆる手段を用いて異端の過去を追跡するのに執念を燃やし、その成果を日々分厚い冊子に書き込むのに余念がないもうひとつの姿と通じ合う。異端審問官は時代の申し子なのである。

第四の道筋——司牧すなわち魂の統治

先に示唆したように、最後の道筋は、魂への配慮あるいは魂の統治の道筋である。この点で、本書には印象的な一節がある。

異端審問は単に行為を裁断する法廷ではなく、徹頭徹尾霊魂の行方に責任を感じていたのだ。実はこれが悲劇の原因なのだ。(二二三頁)

この言葉は、異端審問の裏面の真実を言い当てたものと理解できる。魔女裁判がひたすら信仰の敵の殲滅に専心したのに対し、異端審問官は同じ信仰の敵を悔悛の余地ある罪びとと見なし、その穢れた魂を救いに導くことを本来的使命とした。その意味で、異端審問は司牧の営みに属したのである。ただ、著者は残念ながらこの方面の考察をあまり推し進めてはいないように思われる。そこで以下、一三世紀という時代に着目しながら補足的に概観しておこう。

異端審問が生まれた一三世紀は、最近の中世史研究では「司牧革命」の世紀として注目を集めつつある。ひとことでいえば、この革命によって司祭は真の意味での司牧者、すなわち子羊(=信徒)の群れの面倒を見る羊飼いとなったのである。まず、秘蹟告解(懺悔)が導入され、少なくとも年一回司祭はすべての信徒の罪の告白を聴聞し、神に代わって赦《ゆる》しを与えるようになる。また、聖体の実体変化の教義が最終的に確立されたのにともない、司祭の祝別はキリストの身体を現前させる力を持つにいたる。結婚もだいたいこの時期に秘蹟化され、司祭は神に代わって男女に聖なる結びつきを付与する存在となる。さらには、説教活動が未曾有の活況を呈するのもこの時期で、それは司牧の教化的側面がそれだけ充実したことを意味する。もっとも、ひとり村や町の司祭だけがこうした権能を独占したわけでなく、本書に登場したドミニコ会やフランチェスコ会も、説教師や聴罪師として司牧者の役割を分有した。

以上のごとき司牧革命の背景に置き直してみたときに、われわれは異端審問の司牧的側面をより明確に理解することができる。たとえば、本書後半でひもとかれた異端審問記録の大部分は被告の自白からなっているが、それはたんなる供述なのではなく、罪の告白とも理解しなくてはならない。著者が、「〔異端審問官は〕被告の自白、自認に執拗にこだわった〔…〕拷問の導入もその大義名分のもとにまかり通った」（二三―二四頁）と述べるのは、異端容疑を認める自白が、懺悔と同様に罪の償いとしての価値を持ったからなのである。

異端審問官が有罪者に下した罰も、罪に対するたんなる応報以上の意味を持つ。大小の霊場への巡礼、十字の着用、投獄（「狭い壁」と「緩やかな壁」〔一八〇頁〕）、これらは一面では処罰・拷問であり、また一面では悔い改めの行として認識されていたのである。じっさい、それらは「罰」とも「贖罪」とも呼ばれた。それだけではない。たとえ、処刑されることが決まった異端に対しても、審問官は告解と聖体拝領を認めなくてはならなかった。末期の悔い改めが神の慈悲に値するかもしれず、その可能性に思いを致さなくてはならなかったからである。著者の引用するニコラウ・エメリコの言葉をここにも引いておこう。

司教と異端審問官は、再犯者を悔悛させるために力を尽くさねばならぬ。〔…〕悔悛しようとしまいと、再犯者が処刑されることに変わりはない。〔…〕しかし、だからこそ同人の永遠の救いについて考えねばならぬのだ。（二一三頁）

異端審問官は、信仰の敵と戦う教会の先兵であると同時に、その敵のために存在する特別な羊飼いでもあったのである。

しかし、そのことと並んで大事なことがある。それは、一一世紀以降の民衆異端の首魁、なかんずく異端審問の最大の敵カタリ派の善信者（完徳者）たちも、帰依者からしてみれば有望な羊飼いだったということである。驚異の禁欲と清貧を実践することで肉の世界を超越した善信者たちが、南フランスの住民に比類ない魂の導き手と映じたことは想像に難くない。聖ドミニコもカタリ派と対決するのに、その敵を模倣したのである。一三世紀に司牧革命が起こり、かつ異端問題が沸騰したのはなぜかと問われれば、おそらく次のように答えることができよう。それは、俗人民衆にとって真の魂の羊飼いは誰か、という問いがこの時期にかつてないほど先鋭化していたからだと。

最後になるが、本書に関係の深い渡邊氏自身の著作としては、冒頭で示唆した二著、『異端カタリ派の研究——中世南フランスの歴史と信仰』（岩波書店、一九八九年）、『異端者の群れ──カタリ派とアルビジョア十字軍』（新人物往来社、一九六九年／（再版として）八坂書房、二〇〇八年）があるほか、氏が翻訳者の一人となっているエマニュエル・ル・ロワ・ラデュリ『モンタイユー──ピレネーの村　一二九四─一三二四』上・下（刀水書房、一九九〇─九一年）もぜひ手にとってもらいたい一書である。

また中世の宗教世界、とくに民衆的なそれに興味がおありの向きには、氏の以下の著作が素晴らしい導入となってくれるだろう。すなわち、『巡礼の道──西南ヨーロッパの歴史景観』（中公新書、一九八〇年）と『中世の奇蹟と幻想』（岩波新書、一九八九年）である。前者は一一世紀以降盛んになるサンチャゴ・デ・コンポステラ巡礼を、後者は中世の聖人・奇蹟崇敬を扱ったもので、いずれも関連史料・研究書に通暁した氏の学殖に啓蒙書の形態で触れるという恩恵に浴すことができる──この『異端審問』文庫版と同様に。

（西洋史、ノートルダム清心女子大学准教授）

本書の原本は、一九九六年に講談社現代新書として小社から刊行されました。本書には現在では差別的とされる表現が含まれていますが、史料に基づいた記述であること、差別を助長する意図はなく、著者が故人であることに鑑み、あえて原本のままとしてあります。読者諸賢のご理解を賜りたく、お願いいたします。

渡邊昌美（わたなべ　まさみ）
1930-2016年。岡山県生まれ。東京大学文学部西洋史学科卒業。高知大学教授，中央大学教授をへて，高知大学名誉教授。専門は，フランス中世史。主な著書に，『異端カタリ派の研究』，『中世の奇蹟と幻想』，『フランス中世史夜話』など。主な訳書に，エマニュエル・ル・ロワ・ラデュリ『モンタイユー』（全2巻，共訳），マルク・ブロック『王の奇跡』（共訳），ジャン・クロード・シュミット『中世歴史人類学試論』など。

講談社学術文庫
定価はカバーに表示してあります。

異端審問《いたんしんもん》
渡邊昌美《わたなべまさみ》
2021年2月9日　第1刷発行

発行者　渡瀬昌彦
発行所　株式会社講談社
東京都文京区音羽2-12-21 〒112-8001
電話　編集（03）5395-3512
販売（03）5395-4415
業務（03）5395-3615
装　幀　蟹江征治
印　刷　豊国印刷株式会社
製　本　株式会社国宝社
本文データ制作　講談社デジタル製作

ISBN978-4-06-522545-5

「講談社学術文庫」の刊行に当たって

これは、学術をポケットに入れることをモットーとして生まれた文庫である。学術は少年の心を養い、成年の心を満たす。その学術がポケットにはいる形で、万人のものになることは、生涯教育をうたう現代の理想である。

こうした考え方は、学術を巨大な城のように見る世間の常識に反するかもしれない。また、一部の人たちからは、学術の権威をおとすものと非難されるかもしれない。しかし、それはいずれも学術の新しい在り方を解しないものといわざるをえない。

学術は、まず魔術への挑戦から始まった。やがて、いわゆる常識をつぎつぎに改めていった。学術の権威は、幾百年、幾千年にわたる、苦しい戦いの成果である。こうしてきずきあげられた城が、一見して近づきがたいものにうつるのは、そのためである。しかし、学術の権威を、その形の上だけで判断してはならない。その生成のあとをかえりみれば、その根は常に人々の生活の中にあった。学術が大きな力たりうるのはそのためであって、生活をはなれた学術は、どこにもない。

開かれた社会といわれる現代にとって、これはまったく自明である。生活と学術との間に、もし距離があるとすれば、何をおいてもこれを埋めねばならない。もしこの距離が形の上の迷信からきているとすれば、その迷信をうち破らねばならぬ。

学術文庫は、内外の迷信を打破し、学術のために新しい天地をひらく意図をもって生まれた。文庫という小さい形と、学術という壮大な城とが、完全に両立するためには、なおいくらかの時を必要とするであろう。しかし、学術をポケットにした社会が、人間の生活にとってより豊かな社会であることは、たしかである。そうした社会の実現のために、文庫の世界に新しいジャンルを加えることができれば幸いである。

一九七六年六月

野間省一

外国の歴史・地理

井上秀雄著（解説・鄭早苗）
古代朝鮮
中国・日本との軋轢と協調を背景に、古代の朝鮮は統一へとその歩を進めた。旧石器時代から統一新羅の滅亡まで、政治・社会・文化を包括し総合的に描き、朝鮮半島の古代を鮮やかに再現する朝鮮史研究の傑作。

1678

周藤吉之《すどうよしゆき》・中嶋　敏著
五代と宋の興亡
唐末の動乱から宋の統一と滅亡への四百年史。五代十国の混乱を経て宋が中国を統一するが、財政改革を巡る抗争の中、金軍入寇で江南へ逃れ両朝並立。都市が栄える一方、モンゴル勃興で滅亡に至る歴史を辿る。

1679

J・ギース、F・ギース著／栗原　泉訳
中世ヨーロッパの城の生活
中世英国における封建社会と人々の暮らし。時代は十一世紀から十四世紀、ノルマン征服を経て急速に封建化が進む中、城を中心に、人々はどのような暮らしを営んでいたのか。西欧中世の生活実態が再現される。

1712

長谷川博隆著
ハンニバル　地中海世界の覇権をかけて
大国ローマと戦ったカルタゴの英雄の生涯。地中海世界の覇権をかけて激突した古代ローマとカルタゴ。大国ローマを屈服寸前まで追いつめたカルタゴの将軍ハンニバルの天才的な戦略と悲劇的な生涯を描く。

1720

堀越孝一著
中世ヨーロッパの歴史
ヨーロッパとは何か。その成立にキリスト教が果たした役割とは？　地中海古代社会から森林と原野の内陸部へ展開、多様な文化融合がもたらしたヨーロッパ世界の形成過程を「中世人」の眼でいきいきと描きだす。

1763

J・ギース、F・ギース著／青島淑子訳
中世ヨーロッパの都市の生活
一二五〇年、トロワ。年に二度、シャンパーニュ大市が開催され、活況を呈する町を舞台に、ヨーロッパの人々の暮らしを逸話を交え、立体的に再現する。活気に満ち繁栄した中世都市の実像を生き生きと描く。

1776

北の十字軍　「ヨーロッパ」の北方拡大
山内　進著（解説・松森奈津子）
「ヨーロッパ」の形成と拡大、その理念と矛盾とは何か？　中世、ヨーロッパ北方をめざしたもう一つの十字軍が聖戦の名の下、異教徒根絶を図る残虐行為に現代世界の歴史的理解を探る。サントリー学芸賞受賞作。
2033

古代ローマの饗宴
エウジェニア・サルツァ＝プリーナ・リコッティ著／武谷なおみ訳
カトー、アントニウス……美食の大帝国で人々は何を食べ、飲んでいたのか？　贅を尽くした晩餐から、農夫の質実剛健な食生活まで、二千年前に未曾有の繁栄を謳歌した帝国の食を探る。当時のレシピも併録。
2051

イスラームの「英雄」サラディン　十字軍と戦った男
佐藤次高著
十字軍との覇権争いに終止符を打ち、聖地エルサレムを奪還した「アラブ騎士道の体現者」の実像とは？　ヨーロッパにおいても畏敬の念をもって描かれた英雄の、人間としての姿に迫った日本初の本格的伝記。
2083

西洋中世の罪と罰　亡霊の社会史
阿部謹也著
個人とは？　国家とは？　罪とは？　罰とは？　キリスト教と「贖罪規定書」と告解の浸透……。「真実の告白が、権力による個人形成の核心となる」（M・フーコー）過程を探り、西欧的精神構造の根源を解明する。
2103

フィレンツェ
若桑みどり著
ダ・ヴィンチやミケランジェロ、ボッティチェッリら、天才たちの名と共にルネサンスの栄光に輝く都市。その起源からメディチ家の盛衰、現代まで、市民の手で守り抜かれた「花の都」の歴史と芸術。写真約二七〇点。
2117

大聖堂・製鉄・水車　中世ヨーロッパのテクノロジー
J・ギース、F・ギース著／栗原　泉訳
「暗闇の中世」は、実は技術革新の時代だった！　建築・武器・農具から織機・印刷まで、直観を働かせ、失敗と挑戦を繰り返した職人や聖職者、企業家や芸術家たちが世界を変えた。モノの変遷から描く西洋中世。
2146